KB062295

세상을 바꾼 *100*장의 사진

THE 100 PHOTOGRAPHS
THAT CHANGED THE WORLD

지은이

페더리카 구아니에리

『트래블 가이드』의 편집자이자 저자. 사진을 좋아하는 작가이다. 대학에서 철학을 전공하고 이탈리아의 유수한 출판사와 함께 다양한 장르의 책을 출간했다. 사진에 대한 관심과 연구로 관련 서적을 다수 집필하였으며, 저서로 『자연 사진 마스터』『USA 트래블 가이드』『내셔널 지오그래픽 트래블러 시리즈』 등이 있다. 영화 및 사진과 관련한 다양한 활동을 하고 있으며 유명 사진 웹 사이트에서 고문으로 활동하며 글을 쓰고 있다.

로베르토 모타델리

미술사를 전공했고 편집 회사인 Iceigeo의 총괄 편집 책임자로 일하고 있다. 또한 밀라노 대학과이 협업 프로젝트를 이끌며 디자인과 출판학 그리고 영화학 연구진으로 활동하고 있다. 사진 큐레이터로도 활발한 활동을 하고 있는 저자는 다수의 미술관과 문화 재단에서 일했고, 많은 에세이집과 여행 가이드북을 집필했다. 저서로 『디지털 포토그래피 매뉴얼』이 있으며, 이탈리아의 여러 출판사와 함께 일하고 있다.

옮긴이

박선령

세종대학교 영어영문학과를 졸업하고 MBC방송문화원 영상번역과정을 수료했다. 현재 출판번역 에이전시 베네트랜스에서 전속 번역가로 활동 중이다. 『타이탄의 도구들』『변화의 9가지 단계』『한 권의 심리학』『하버드 집중력 혁명』『혁신 역량 극대의 전략』『설득의 비밀』『부자엄마 경제학』 외 다수의 책을 번역했다.

세상을 바꾼 100장의 사진

1판 1쇄 발행 2019년 5월 1일

지은이 페더리카 구아니에리·로베르토 모타델리
옮긴이 박선령
펴낸곳 보랏빛소
펴낸이 김철원

기획·편집 김이슬
마케팅·홍보 박소영
디자인 호기심고양이

출판신고 2014년 11월 26일 제2014-000095호
주소 서울특별시 마포구 월드컵북로6길 60, 덕산빌딩 203호
대표전화·팩스 070-8668-8802 (F) 02-323-8803
이메일 boracow8800@gmail.com

책값은 뒤표지에 있습니다.
잘못된 책은 구입하신 서점에서 바꾸어 드립니다.

※일러두기
사진작가의 이름이 명시되어 있지 않은 작품의 출처는 224쪽 Photo Credits에서 확인할 수 있습니다.

이 제작물은 아모레퍼시픽의 아리따글꼴을 사용하여 디자인 되었습니다.

세상을 바꾼 *100*장의 사진

THE 100 PHOTOGRAPHS
THAT CHANGED THE WORLD

페더리카 구아니에리·로베르토 모타델리 지음

박선령 옮김

보랏비소
Borabit Cow

차례

서문

20세기가 아직 시작되기도 전에 인류는 이미 새로운 세기를 환영하고, 탐색하고, 카메라를 이용해서 영원히 남길 준비가 되어 있었다. 카메라 장비가 등장한 지는 얼마 되지 않았지만 이미 도처에 존재하고 있었고 그 효과가 매우 뛰어났기 때문에, 우리가 역사를 경험하고 보고하는 방식이 완전히 바뀌었다. 사적인 역사(자신의 존재에 대한 명백한 증거를 후세에 남길 수 있는 모든 사회적 배경에 속한 개인과 가족)는 물론이고 보다 위대한 인물과 사건들로 특징지어지는 공적인 역사까지 모두 말이다.

기록에 따르면, 다방면에 탁월한 능력을 지닌 루이 다게르Louis Daguerre가 발명한 새로운 은판 사진 기술을 1839년에 명망 높은 프랑스 과학 아카데미와 예술 아카데미가 인정하면서부터 사진의 역사가 시작되었다고 한다. 사실 비공식적인 역사는 그로부터 최소 12년 전에, 조세프 니세포르 니에프스Joseph Nicéphore Niépce가 '빛으로 그린' 불안정한 이미지를 처음 손에 넣으면서부터 시작되었다. 그 뒤로 니에프스는 다게르와 긴밀히 협력하기 시작했다. 위대한 발명품이 종종 그러하듯이, 사진의 발명과 관련해서도 많은 논쟁과 '반反 역사'가 존재한다. 예를 들어, 프랑스인 니에프스와 다게르는 영국인 과학자 토머스 웨지우드Thomas Wedgwood와 윌리엄 헨리 폭스 톨벗William Henry Fox Talbot과 대치되는 경우가 종종 있었다. 확실한 건 이 새로운 기술이 19세기 전반에 프랑스와 영국에서 유래되었고, 그때부터 놀라운 속도로 국경과 대륙을 넘어 전파되었다는 사실이다.

한때 부자들의 취미 혹은 기술과 훈련이 필요한 활동이었던 사진이 우리의 생활 속으로 퍼져나가

스티브 매커리Steve McCurry, 「아프간 소녀」, 1984년. 아프가니스탄이 피비린내 나는 소련의 침공을 견디던 시기, 페샤와르 Peshawar에 있는 난민 수용소에서 스티브 매커리와 만난 샤르밧 굴라Sharbat Gula는 겨우 열두 살이었다. 그녀는 용감했다. 웃는 얼굴 뒤에 본심을 숨기지 않기로 했다. 굴라는 자석처럼 끌어당기는 힘이 있지만 계속 바라보고 있기는 힘든 시선으로 카메라에 도전한다. 그녀는 말 한마디 없이 이 눈빛만으로, 자기가 겪는 고통과 30년 동안 너무나 많은 전쟁에 시달리면서 지금도 여전히 평화를 추구하고 있는 자기 나라 국민들의 존엄성에 대해 이야기한다.

는 분수령이 된 시기가 두 번 있다. 첫 번째는 베를린에 사진 장비 생산을 전문으로 하는 아닐린 주식회사 Aktiengesellschaft fur Anilinfabrikation (훗날 아그파 Agfa 로 알려지게 된다)가 설립된 1867년이다. 두 번째는 막 설립된 코닥 Kodak 이 비교적 저렴하고 사용하기 매우 편리한 작은 상자형 카메라 모델 No. 1을 출시한 1888년이다. 이때부터 인류의 진보 과정에 영광스럽거나 중요한 의미를 부여하는 모든 사건과 인물을 후세에 영원히 남길 수 있는 렌즈가 늘 우리 곁에 존재하게 되었다.

20세기 초에 흥미로운 현상으로 시작되었던 사진은 곧 압도적인 유행으로 번졌다. 19세기의 마지막 수십 년 동안 수에즈 운하 개통, 대륙 횡단 철도 공사, 벨 에포크 시대의 낙관주의와 우아함이 흐르는 파리의 에펠탑 건설 등을 사진으로 영구히 기록한 이들도 이런 혁명은 전혀 예기치 못했다. 무엇보다도 과학과 공학의 발전 덕분에 이 행성의 운명은 훌륭하게 진보할 것처럼 보였다. 현대적이고 이용하기 쉬운 사진술은 수 세기 동안 사건의 시각적 기록을 독점했던 그림이나 소묘보다 세기말의 시대정신과 잘 부합하는 듯했다. 또 사진은 특성상 정직하고 진실하며 사건의 실제 모습을 충실하게 기록하는 것 같았다.

"이건 진짜야! 카메라는 거짓말을 못 한다고."

하지만 곧 이는 사실이 아니며 카메라도 거짓말을 할 수 있다는 사실이 밝혀졌다. 그리고 20세기가 적어도 두 개의 얼굴을 지니고 있다는 것을 알게 되었을 때 사람들은 더욱 실망하였다. 굉장한 발명과 과학적 발견(유럽과 미국 간 전신 통신부터 월드와이드웹에 이르기까지) 그리고 사회적 진보(여성의 투표권을 위한 투쟁부터 흑인과 백인 사이의 평등, 말랄라 유사프자이 Malala Yousafzai 의 용기에 이르기까지)가 최고조에 이르렀기 때문만은 아니다. 또 영원히 녹지 않는 눈으로 뒤덮인 극지에 도전하고 머나먼 별까지 도달하는 정복의 시대이기 때문만도 아니다. 후자의 경우 라이트 형제의 덜컥거리는 비행기에서 시작해 비행선 힌덴부르크 Hindenburg 가 겪은 끔찍한 사고를 극복하고 계속 더 높은 곳으로 날아올라, 마침내 NASA가 화성의 신비로운 붉은 땅에 탐사선을 보내 지구와 교신하고 사진도 찍을 수 있는 경지에 도달했다. 또한 20세기는 치명적인 무기를 가지고 엄청난 규모로 진행된 끔찍한 전쟁의 연속이기도 했다. 이런 죽음의 도구들은 진보의 어두운 부분을 드러낸다. 화학 연구는 제1차 세계대전 때 질식 가스를 사용할 수 있는 토대를 마련했다. 물리학 분야의 발견은 일본에 원자 폭탄을 투하하는 방향으로 나아갔다. 위대한 이념들도 피의 공물을 요구했다. 러시아의 겨울 궁전을 점령한 지 불과 몇 년 만에 프라하를 향해 진군한 탱크들이 보여주듯이, 공산주의의 꿈은 모든 형태의 반대를 탄압하는 것으로 전락했다. 한편 미국이 베트남을 침략하게 만든 소위 '민주주의 수출'은 비극적인 결과를 낳았다. 그리고 베를린 장벽과 냉전도 있다. 최근에는 보스니아와 코소보에서 발생한 집단 학살, 9·11 테러, 난민들의 끝나지 않는 드라마도 목격했다.

우리는 여러분이 지금 읽고 있는 이 책에 지난 1세기 반 동안 벌어진 이런 중요한 순간들을 기록한 100장의 사진을 담았다. 따라서 이것은 사진의 역사를 이야기하는 책이 아니라 역사가 담긴 사진집이다. 여기 모아놓은 사진들은 서로 멀리 떨어진 곳에서 벌어진 다양한 사건과 인물들의 스냅샷이지만, 약속과 모순이 가득한 한 시대의 모습을 구성하는 데 꼭 필요한 것들이다. 문자보다 이미지의 힘이 더 강한 것이 특징인 세기에 사진은 다른 어떤 증언보다 효과적이므로 시대의 아이콘이 되는 경우가 많다. 레닌의 유명한 연설 장면을 담은 사진이 스탈린의 검열 때문에 숙청된 일도 있고, 트레이시 소령이 질식 가스의 영향을 보여주려고 진짜처럼 꾸며낸 가짜 사진처럼 사진을 조작하거나 위조한 사례들도 있다.

여기 선정된 사진작가 중에는 앙리 카르티에 브레송Henri Cartier-Bresson, 로버트 카파Robert Capa, 도로시아 랭Dorothea Lange, 세실 비튼Cecil Beaton 같은 거장들과 엘리엇 어윗Elliott Erwitt, 아바스 아타Abbas Attar, 유진 스미스Eugene Smith, 케빈 카터Kevin Carter, 래리 버로우스Larry Burrows 같은 훌륭한 기자와 목격자들, 엄청나게 상징적인 힘을 지닌 영화 장면들을 촬영한 뤼미에르 형제나 세르게이 예이젠시테인Sergej Ejzenštejn 감독 등도 포함되어 있다. 하지만 역사란 늘 예측 가능한 방향으로만 움직이지 않기에, 운 좋게도 적절한 시간에 적절한 장소에 있었던 정직한 사진 장인과 이름도 밝히지 않은 아마추어들 덕분에 얻은 사진들도 많다. 중요한 것은 그런 일들이 코앞에서 벌어졌을 때 카메라를 손에 들고 그 순간을 포착할 준비를 하는 것이다.

로베르토 모타델리Roberto Mottadelli

대륙 횡단 철도
The Transcontinental Railroad

1869년 5월 10일 – 미국 유타주 프로먼토리

1869년 5월 10일, 많은 인파가 유타주 프로먼토리 서밋에서 센트럴 퍼시픽Central Pacific 철도 소속 기관차 주피터Jupiter호와 유니언 퍼시픽Union Pacific 철도 소속 119호가 만나 미국 최초의 대륙 횡단 철도가 완성되는 역사적인 순간을 기다렸다(그전에 존재했던 유일한 대륙 횡단 철도는 파나마 철도Panama Railway인데, 이 철도는 길이가 77킬로미터밖에 되지 않았다). 마침내 기관차 두 대가 도착했고 기관사들은 두 기차의 앞부분이 서로 맞닿을 때까지 느리게 접근했다. 그리고 악수를 나눈 다음 상대 회사의 기관차에 샴페인 병을 깨뜨렸다. 두 회사의 철로가 하나로 합쳐진 것을 상징하기 위해 은색 망치로 침목에 '황금 못Golden Spike'을 박았다.

이 역사적인 장면을 촬영한 사람은, 이미 미국 남북 전쟁 때의 모습을 사진으로 기록했고 대륙 횡단 철도가 건설되는 과정을 몇 년 동안 계속 추적해온 앤드루 J. 러셀Andrew J. Russell이라는 사진작가다. 전형적인 기념사진의 구도 속에서, 우리는 기관차 두 대를 에워싸고 있는 노동자들과 사진 한가운데에서 악수하는 두 회사 대표의 모습을 볼 수 있다. 대서양 연안과 태평양 연안을 연결하는 철도는 링컨 대통령이 서명한 태평양 철도법Pacific Railroad Act에 따라 1862년부터 건설되기 시작했다. 건설 작업은 두 회사에 위탁되었는데, 이들은 각자 맡은 노선 공사를 완료해서 미 대륙 한복판에서 철로가 만나도록 해야 했다.

사진 앤드루 J. 러셀

이듬해에 시작된 공사는 무수한 어려움에도 불구하고 빠른 속도로 진행되었는데, 시에라네바다 산맥을 가로지르는 구간의 공사가 특히 힘들었다. 철도 회사들은 건설 자금을 조달하기 위해 경제적 지원을 받았고, 곧 상당한 시장 가치가 생길 철도 주변 부지에 대한 소유권도 얻었다. 센트럴 퍼시픽사는 독일, 아일랜드, 이탈리아 출신 이민자들을 고용한 반면, 유니언 퍼시픽의 노동자들은 대부분 중국인이었다.

철도는 아메리카 원주민들의 사냥 구역을 가로지를 예정이었다. 자기네 구역에 침입한 이들에게 위협을 느낀 원주민들은 철도 공사 진행 과정을 계속 지켜보았고, 주변에 매복하고 있다가 노동자들을 공격해서 폭력을 행사하기도 했다.

"완료!"

센트럴 퍼시픽사의 경영주인 릴런드 스탠퍼드 Leland Stanford 는 첫 번째 임기를 막 시작한 그랜트 Grant 대통령에게 짧은 전보를 보내 그간의 노력이 성공했음을 알렸다.

철도가 완성되면서 그때까지 역마차나 뱃길을 통해 몇 주, 몇 달씩 걸리던 대륙 횡단이 단 7일 만에 가능해졌다. 그리고 이 때문에 미국 서부가 대규모로 식민지화되면서 아메리카 원주민 문명이 종말을 맞게 되었다.

수에즈 운하 개통

Opening of the Suez Canal

1869년 11월 17일 – 이집트

1869년, 수공학계의 가장 위대한 업적이라 불리는 운하 공사가 완료되면서 인공 수로가 두 개의 대양을 연결했다. 홍해와 지중해 사이에 건설된 수에즈 운하는 사실상 인도양과 대서양을 하나로 잇는 것과 같았다.

적어도 해로 쪽에서 보면 유럽과 아시아가 더 가까워졌다. 이제 아프리카 대륙을 빙 둘러 갈 필요가 없으니 여행 기간이 대폭 단축되었다. 수에즈 운하는 고대부터 계속 건설하려고 애썼지만, 결국 나폴레옹Napoleon 마저 포기한 전설적인 대규모 사업이다.

이때는 우리가 아는 형태의 필름이 개발되기 전이라서 사진 찍기가 상당히 힘들었다. 사진사들은 달걀흰자에서 얻은 알부민과 할로겐화은으로 만든 유제를 유리에 발라 그것을 사진 원판으로 사용했다.

이 사진을 찍은 무명의 사진사는 역사적인 순간을 영원히 남기기 위해 무거운 삼각대를 테라스나 공사용 발판 같은 높은 장소로 운반해야 했다. 그는 이 방법을 통해 1869년 11월 17일에 프랑스의 마지막 여성 군주인 외제니 황후Empress Eugénie 와 이집트 총독 이스마일 파샤Isma'il Pascià 가 지켜보는 가운데, 깃발을 휘감은 배들이 줄지어 운하로 들어오는 모습을 촬영하는 데 성공했다. 오케스트라는 요한 슈트라우스 2세Johann Strauss, Jr. 가 이 행사를 위해 작곡한 '이집트 행진곡Egyptischer-Marsch'을 연주했다. 이 사진은 배들의 복잡한 돛대와 물에 비친 그림자, 선창에서 분주히 일하는 노동자들의 모습을 정확하게 전달한다. 그림으로는 도저히 불가능한 직접성을 발휘해 우리를 사건의 중심으로 데려가는 힘을 지닌 사진이다.

에펠탑과 박람회
The Eiffel Tower and the Expo

1889년 – 프랑스 파리

1889년의 파리는 전 세계의 중심지였다. 벨 에포크Belle Époque(19세기 말부터 제1차 세계대전 발발 전까지 파리가 번성했던 화려한 시대—옮긴이)의 우아함 때문에 만국박람회라는 세속적인 행사와 진보에 대한 찬양, 프랑스 혁명 100주년 기념행사가 더욱 열기를 띠었다. 이 행사를 위해, 혁명적인 정신을 지닌 공학자 구스타브 에펠Gustave Eiffel이 파리라는 도시와 건축의 역사를 완전히 바꿔놓을 운명적인 탑을 설계했다. 어떤 이들은 이 탑을 보자마자 마음에 들어했지만, 대부분은 아직 그 존재에 익숙해지지 않은 상태였다. 너무 크고 높고 혁신적이기까지 한 이 구조물을 받아들이려면 시간이 필요했다. 어쩌면 에펠탑 건설이 너무 빨리 진행된 탓일지도 모른다. 건설이 시작된 날로부터 1889년 3월 31일에 정식 준공되기까지 고작 2년 2개월 5일밖에 걸리지 않았다. 이 사진을 찍은 앙리 로제 비올레Henri Roger-Viollet는 에펠탑 공사가 시작될 무렵에 아직 십 대 청소년이었다. 1869년생인 그는 공학을 전공했고 사진을 좋아했다. 또 합성 사진이 일반화되기 전부터 합성 사진 만드는 것을 좋아해서, 종종 자기가 찍은 물체나 사람의 비율을 바꾸기도 했다. 젊은이다운 생각, 공학에 대한 지식, 창조적 정신을 지닌 로제 비올레만큼 에펠의 천재성을 제대로 알아볼 수 있는 사람도 없을 것이다. 그는 자기 카메라를 이용해, 처음에는 겨우 1미터였던 에펠탑이 324미터 높이로 치솟을 때까지 매일같이 쑥쑥 높이를 더하는 건설의 모든 단계를 기록했다. 하지만 이 사진에서는 구조물의 수직성에 경의를 표하지 않는다. 그는 박람회의 중심인 센트럴 돔Central Dome을 에워싸는 에펠탑의 거대한 기반에 집중한다. 형태의 대조, 특히 강력한 건축 구조물과 그 아래에서 오가는 작은 사람들의 크기를 대조시켜서 보는 사람을 어리둥절하게 만든다. 마치 쥘 베른Jules Verne의 소설에서 빠져나온 우주비행사가 인상파 화가의 그림 속에 착륙한 듯한 느낌이다. 에펠이 하늘에 도전하겠다고 결심하기 전까지 이런 이미지는 합성 사진에서나 볼 수 있었다.

사진 앙리 로제 비올레

열차의 도착

The Arrival of a Train at La Ciotat Station

오귀스트 뤼미에르와 루이 뤼미에르가 제작한 단편 영화의 한 장면

1895년 10월 – 프랑스 라 시오타

「열차의 도착The Arrival of a Train at La Ciotat Station」은 영화의 기원이라고 하는 시기에 제작된 최초의 단편 영화 중 하나다. 일상의 모습을 담은 이 50초짜리 짧은 다큐멘터리는 예술적 가치보다는 역사적인 가치가 더 크다. 사진을 전문으로 하는 프랑스 기업가 두 명이 이 영화를 만들었는데, 바로 그 유명한 오귀스트 뤼미에르Auguste Lumiere와 루이 뤼미에르Louis Lumiere 형제다. 두 형제는 1895년에 이 작품(그리고 동시대에 제작된 다른 많은 작품)을 상영할 때 사용한 영사기의 특허를 받았다. 뤼미에르 형제는 이런 발명품 때문에 영화의 아버지로 알려져 있다. 이 사진은 영화의 한 장면인데, 정면이 아니라 대각선으로 찍은 촬영 앵글부터 시야의 깊이, 플랫폼에 서 있는 사람들의 완벽한 초점과 움직이는 열차의 강력한 역동성에 이르기까지 중요한 특징들이 많이 담겨 있다.

이 영화는 12월 28일 저녁, 소위 영화의 탄생지라고 하는 파리 카퓌신 거리Boulevard des Capucines의 그랑 카페Salon Indien du Grand Café에서 처음 상영된 것으로 알려져 있으나 실은 그보다 며칠 뒤인 1월 6일에 최초로 상영되었다. 전해지는 말에 따르면, 자신들을 향해 다가오는 기차 영상을 본 관객들은 기차에 치일까봐 두려워 상영장 밖으로 달아났다고 한다.

이런 흥미로운 사실들과는 별개로, 「열차의 도착」은 정적인 이미지의 예술인 사진과, 움직이는 이미지의 예술인 영화 사이에서 중요한 연결고리를 제공한다. 또 이 단편 영화는 세계가 전례 없는 기술적 진보를 경험한 활기찬 시기인 벨 에포크 시대의 결정적인 순간 중 하나이기도 하다. 이때부터 '자유 시간'이라는 개념이 등장하기 시작했다. 낙천적인 자신감으로 가득했던 이 시대는 곧 제1차 세계대전의 참호 속에서 막을 내리게 된다.

대서양을 횡단한 무선 전신

Wireless Telegraph Across the Atlantic

1901년 12월 12일 – 캐나다 뉴펀들랜드

영화 속 고전적인 미디엄 쇼트(반신半身 장면) 같은 이 역사적인 흑백 사진은 여러 가지 장비에 둘러싸여 있는 두 남자의 모습을 보여준다. 그들은 가느다란 종잇조각처럼 생긴 것을 꼼꼼히 살펴보고 있다. 1901년 12월, 사진술이 확실하게 자리를 잡기는 했지만 아직 예술적인 표현 수단으로 받아들여지지는 않았던 때다. 그래서인지 형식적인 스타일의 이 사진에서는 두 주인공의 감정이 전혀 드러나지 않는다. 이 사진은 놀라운 과학적 진보를 이루면서 현대 통신의 길을 연 실험을 공식적으로 기록했다.

왼쪽에 서 있는 청년은 스물일곱 살을 갓 넘긴 이탈리아 출신의 과학자이자 발명가인 굴리엘모 마르코니Guglielmo Marconi다. 앉아 있는 사람은 그의 영국인 조수 조지 켐프George Kemp다. 두 사람은 대서양을 가로지르는 최초의 무선 전신을 전송하기 위해 포즈를 취하고 있다. 마르코니는 이 발명으로 1909년에 노벨 물리학상을 받게 된다.

이 특별한 실험을 진행하기 위해, 마르코니는 영국 콘월의 폴두Poldhu에 130미터 높이의 안테나가 달린 거대한 송신기를 만들었다. 그리고 조수인 조지 캠프와 퍼시 패짓Percy Paget을 데리고 캐나다의 뉴펀들랜드섬으로 갔다. 마르코니는 매일 같은 시간에 모스Morse 알파벳에서 문자 S를 나타내는 점 3개를 송신하라고 폴두 기지에 지시했다. 그는 뉴펀들랜드에서 메시지를 수신할 수 있는 순간을 날마다 고대했다. 콘월과 뉴펀들랜드 사이에는 2,900킬로미터나 되는 바다가 가로놓여 있다. 이 메시지가 전달되려면 신호가 이온층에서 두 번 튕겨 지구의 만곡부를 따라 움직여야 했는데, 그때의 과학계는 이것이 불가능하다고 생각했다. 하지만 온갖 악조건에도 불구하고 실제로 그 일이 이루어졌다. 모스부호의 점 세 개가 한 대륙에서 다른 대륙으로 건너간 것이다. 젊은 과학자 굴리엘모 마르코니는 마침내 세계를 놀라게 하는 데 성공한 것이다.

1903년 12월 17일 – 미국 노스캐롤라이나주 키티 호크

1903년 12월 17일, 오하이오주 데이튼Dayton에서 자전거 판매상을 운영하던 라이트 Wright 형제는 노스캐롤라이나의 한 해변에서 역사책 속으로 날아올랐다. 그들이 한 실험은 역사상 처음으로 조종사가 타고 있는 동력 비행기를 공중에 띄우는 것이었다.

현재 스미소니언 국립항공우주박물관National Air and Space Museum of the Smithsonian Institution에 보관된 이 사진은 이날 벌어진 사건의 귀중한 증거 자료다. 사진을 찍은 사람은 존 T. 대니얼스John T. Daniels다. 그는 킬 데빌 힐스Kill Devil Hills에 있는 미국 인명구조대US Lifesaving Station 직원으로, 사고가 날 경우 응급 처치를 해달라는 부탁을 받고 그 자리에 가 있었다. 대니얼스는 그날 아침 전까지는 카메라를 써본 적도 없었다. 하지만 오빌 라이트Orville Wright는 능숙하게 사진 구도를 정했다. 그는 플라이어Flyer호의 조종간 앞에 눕기 전에, 카메라가 오른쪽 후방에서 복엽기의 모습과 출발 경로를 담을 수 있도록 카메라를 배치했다. 무엇보다도 비행기가 날아오른 모습을 사진에 담을 수 있도록 충분한 여백을 남겼다. 비행기는 가로대 위에 올려놓고 닻으로 고정했다. 그런 다음 내연기관에 시동을 걸어 회전 속도가 충분히 높아지자 케이블을 풀었다. 비행기는 3미터 높이로 솟아올라 12초 동안 공중에 머물렀고, 착륙 전까지 37미터를 비행했다. 그때 맞바람이 매우 강하게 불었다. 이런 이유 때문에, 사진 오른쪽에 서 있는 윌버 라이트Wilbur Wright는 어렵지 않게 비행기를 따라갈 수 있었다. 플라이어호는 그날 기체가 손상되기 전까지 세 번을 더 이륙했다.

19세기 말부터 많은 과학자와 기술자, 발명가 들이 항공학 연구에 전념했다. 그들은 동력이 달린 비행기를 만들고 싶어 했고, 다들 기대감에 젖어 기록 달성을 추구했다. 하지만 결국 대학 문턱에도 가보지 않은 두 형제가 이 일을 해냈고, 인간의 가장 오래된 꿈 가운데 하나를 실현시켰다. 이것이 하늘을 향한 첫걸음이었다.

최초의 비행

The First Flight

사진 존 T. 대니얼스

아인슈타인과 상대성 원리

Einstein and the Theory of Relativity

1905년 – 스위스 베른

펜, 잉크병, 우표, 책, 바인더, 파일 그리고 몇 장의 종이가 깔끔하게 적은 숫자와 기호로 뒤덮여 있다. 알베르트 아인슈타인Albert Einstéin의 가장 뛰어난 아이디어는 스위스 베른의 슈파이처가스Speichergasse에서 그가 일한 연방 특허청 사무소 건물 3층 86호실의 이 책상에서 탄생했다. 과학에 바쳐진 이 제단은 국제 자유 보도사진 작가 그룹 매그넘 포토스Magnum Photos의 창립자 중 한 명인 에리히 레싱Erich Lessing의 손을 통해 1961년에 불멸성을 획득했는데, 이는 아인슈타인이 죽은 지 6년 뒤, 그리고 그의 상대성 이론이 발표된 지 50년도 더 지난 때였다. 명확하고 차분한 이 초상화는 독일 물리학자의 중요하고 혁신적인 활동을 간접적으로 보여주는 듯하다.

아인슈타인은 1902년에 기술 전문가로 고용되었다. 보수도 괜찮았고 그의 왕성한 지적 활동을 방해할 만큼 부담스럽지도 않은 자리였다. 그가 하는 일은 사무국에 제출된 특허 신청서들이 유효하고 특허를 받을 만한 내용인지 확인하는 것뿐이었다. 그래서 아인슈타인은 물리학 연구를 계속할 시간이 있었다. 1905년은 그에게만이 아니라 세상 전체에 경이로운 해였다. 아인슈타인은 몇 개의 논문을 발표했는데, 특히 『물리학 연보Annalen der Physik』라는 저널에 기고한 논문에서 제한된 상대성 이론을 확장시켰다. $E=mc^2$라는 공식은 추신으로 다뤘는데(이 사진에 담긴 것이 그 추신 페이지다) 에너지는 물질과 동등하고, 빛의 속도는 절대적이고 변하지 않으며, 공간과 시간이 상대적이라는 사실을 논리적으로 분명하게 설명했다. 갈릴레오와 뉴턴이 확립한 진리를 바탕으로 시작된 아인슈타인의 놀라운 결론은 우주를 지금까지와 다른 방식으로 관찰하게 해주었다.

아인슈타인은 유대인이었다. 그래서 유럽에 나치즘이 출현하자 미국으로 건너가 학생들을 가르치면서 새로운 수학 모델을 계속 개발했다. 그는 1921년에 노벨 물리학상을 받았고, 의문의 여지없이 세상에서 가장 유명한 과학자이자 천재가 되었다.

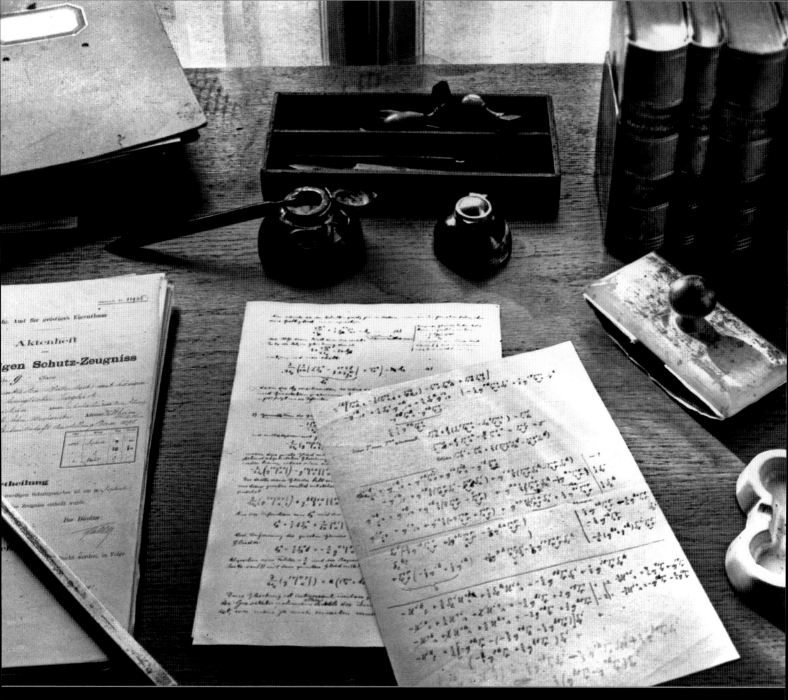

여성 참정권을 위한 투쟁

The Struggle for Female Suffrage

1908년 2월 13일 – 영국 런던

여성 참정권 운동의 리더인 에멀린 팽크허스트Emmeline Pankhurst가 당당한 태도와 눈빛으로 경찰의 호위를 받으면서 걸어가고 있다. 그녀는 1908년 2월 13일에 직접 작성한 무수히 많은 청원서 중 하나를 영국 의회에 제출하려고 하다가 처음으로 체포되었다.

영국에서는 이미 여권 운동이 시작된 지 오래되었지만, 1903년에 에멀린이 설립한 여성 사회정치 연합Women's Social and Political Union이 생긴 뒤부터 투쟁이 조직적으로 진행되었다. 이 운동에 처음 참여한 이들은 중산층 여성들이었지만 곧 모든 사회 계층으로 투쟁이 확산됐다. 여성들의 참여가 대폭 증가한 산업계의 여성 노동자 연합도 포함되었다. 언론은 이들을 "여성 참정권 운동가"라고 부르며 비난했다. 전투적인 여성들은 집회를 열고, 반대자들을 방해할 방법을 모색하고, 신문과 팸플릿을 제작해서 배포하고, 포스터를 만들고, 여성 차별 문제에 대중들의 관심을 끌기 위해 벽에 글을 쓰기도 했다. 그들은 단식 투쟁과 대담한 탈출로 체포에 저항했다. 1905년에 경찰이 여성 참정권 운동가 두 명을 체포하는 바람에 사람이 살지 않는 집의 창문을 깨고 불을 지르는 등 격렬한 충돌이 빚어졌지만, 다행히 아무도 다친 사람은 없었다. 제1차 세계대전 때문에 페미니스트 그룹의 활동이 잠시 중단되었지만, 그 기간 여성들은 전통적으로 남자들이 하던 많은 역할을 수행하면서 자신들의 권리에 대한 인식을 높이게 되었다. 성공은 단계적으로 진행되었다. 1894년에 영국에서 지방 선거 투표권이 인정되었고, 1918년에는 재산이 있거나 결혼한 서른 살 이상의 여성들은 총선에서도 투표할 수 있는 권리가 생겼다.

최초의 해협 횡단 비행

The First Flight Over the Channel

1909년 7월 25일 – 영국 도버

프랑스 레바라크Les Baraques(칼레Calais 인근의 작은 마을)와 영국 도버는 거의 40킬로미터가량 떨어져 있다. 20세기 초에는 두 장소 사이에 가로놓인 해협이 상당한 장애물이었다. 발사balsa 나무와 천으로 만들어지고 25마력짜리 엔진 하나만 장착된 단엽 비행기를 타고 이 해협을 가로지른다는 것은 영웅적이고 역사적인 대업이 될 터였다. 그보다 먼 거리를 비행한 이들이 벌써 몇 명 있기는 했지만, '해협 정복'에는 엄청나게 상징적인 가치가 있었다. 앞서 몇 차례 시도한 이들이 있었지만 모두 실패했다.

루이 블레리오Louis Blériot는 같은 날 출발할 준비를 하고 있던 허버트 래섬Hubert Latham이라는 비행사보다 유리한 고지를 차지하려고 1909년 7월 25일 아침 일찍 출발했다. 두 비행사 모두 예전에 해협 횡단 비행을 시도했다가 비상 착륙을 하는 바람에 여러 군데 부상을 입기도 했다. 하지만 항공 역사에 영원히 남을 영광의 자리와 『데일리 메일Daily Mail』 신문사가 최초로 횡단에 성공한 비행사에게 주겠다고 공약한 1,000파운드의 상금을 차지할 수 있느냐 하는 문제가 걸려 있었다. 블레리오가 해협을 횡단하는 데 걸린 비행시간은 36분 30초로 짧았지만 긴장된 순간들이 많았다. 비바람 때문에 비행기가 거의 추락할 뻔하기도 했고 도착했을 때는 프로펠러와 이착륙 장치가 손상되어 있었지만, 사실 그런 건 중요하지 않았다. 프랑스 비행사가 마침내 성공한 것이다.

두려운 시간은 다 지나갔고, 하룻밤 휴식을 취하고 맞이한 7월 26일은 축하의 날이었다. 이 사진은 우아하게 옷을 차려입고 비행기 앞에서 포즈를 취한 블레리오와 그의 아내, 어떤 신사와 그의 부인, 그리고 그들을 둘러싸고 이 놀라운 업적을 찬양하는 이들의 모습을 보여준다. 사진 기술이나 구도에는 별로 주목할 만한 부분이 없지만, 우리는 역사적인 순간과 여기 담긴 피사체들 덕분에 영향력을 발휘할 수 있는 다큐멘터리 사진과 마주하고 있는 것이다.

북극에 간 로버트 피어리

Robert Peary at the North Pole

1909년 – 캐나다 엘즈미어섬

"마침내 극점에 도착했다! 3세기에 걸친 염원, 23년 동안의 내 꿈과 야망이 마침내 이루어졌다……."

느슨하게 묶여 있는 여행 일지에 적힌 이 선언이 이루어진 날은 1909년 4월 6일이다. 이것은 미 해군 엔지니어인 로버트 에드윈 피어리Robert Edwin Peary의 말이다. 하지만 이 문장은 아마 극점에 도달하고 몇 년 뒤에 피어리가 자신의 회고록을 내면서 썼을 것이다. 그사이에 동료 미국인 탐험가 프레데릭 쿡Frederick Cook(북아메리카에서 가장 높은 봉우리인 매킨리McKinley산 정상에 오른 것으로 추정되는 의사)이 1년 넘게 걸린 참혹한 북극 탐험에서 돌아와 『뉴욕 헤럴드New York Herald』에 보낸 전보에서 "1908년 4월 21일에 북극에 도착했다"라고 선언했다.

두 탐험가는 그린란드Greenland에서 중요한 탐험을 위해 협력하기도 했지만, 그 뒤로는 누가 북극에 먼저 도달했는지를 놓고 계속 논쟁을 벌였다. 법적인 관점에서 보면 극지 탐험과 관련된 서사시는 전혀 영웅적이지 못했다. 언론과 내셔널 지오그래픽 협회National Geographic Society는 피어리의 주장을 받아들여서, 그를 영웅으로 선포하고 해군 제독으로 임명했다.

1909년 2월에 찍은 이 사진은 캐나다 최북단의 엘즈미어섬에서 이누이트족 22명과 개 130마리를 데리고 썰매로 막 출발하려고 하는 피어리의 모습을 보여준다. 하지만 사진에는 털모자를 쓴 그의 얼굴만 보인다. 그 뒤에도 피어리가 실제로 북극에 도달했는가 하는 의문이 계속 남아 있었는데, 결국 1988년에 내셔널 지오그래픽 협회의 조사를 통해 그가 계산 오류로 인해 북극점을 최소 48킬로미터 이상 빗나갔다는 사실이 확인되었다. 오늘날에는 그의 라이벌의 기록이 좀 더 신뢰할 만하다고 여겨진다. 하지만 석유 회사를 설립했다가 사기죄로 체포돼 감옥에서 말년을 보낸 쿡의 입장에서 이는 너무 뒤늦은 명예 회복이다.

남극 정복

Conquest of the South Pole

1911년 12월 14일 – 남극 대륙 극점

20세기 초의 극점 정복 경쟁은 모험과 명성에 굶주린 탐험가들과 이 가망 없는 탐색에서 식민주의의 마지막 한계를 본 국가 간의 진정한 경쟁을 대변한다. 이들의 경주는 책과 잡지, 신문 보도를 통해 대중들을 흥분시켰다. '생생한' 소식은 늘 전보를 통해 도착했다. 사진은 독자에게 정보를 전달하고 사건을 기록하는 데 기본이 되었다. 예를 들어, 1988년에 내셔널 지오그래픽 협회의 전문가들은 로버트 피어리가 찍은 사진의 그림자를 검토해서(이누이트 안내인들만 동반한) 미국 탐험가가 사실상 북극에 도달하지 못했다는 결론을 내렸다.

하지만 로알 아문센Roald Amundsen과 그의 동료들(네 명의 노르웨이인)이 남극에 도착한 것에는 의심의 여지가 없다. 1910년에 탐험이 시작될 당시 아문센은 서른여덟 살이었고 아마 가장 경험 많은 극지 탐험가였을 것이다. 그는 남극 반도의 빙하 때문에 옴짝달싹 못 하게 된 배에 갇혀서 1년을 보냈고, 처음으로 베링 해협Bering Strait을 횡단해 전설적인 북서 항로North-West Passage를 찾았다. 그가 북극 탐험대를 조직하고 있을 때, 프레데릭 쿡(1908)과 피어리(1909)가 자기보다 먼저 북극점에 도달했다는 소식을 들었다. 그래서 아문센은 아직 인적미답인 남극 지방과 남극점으로 관심을 돌렸다. 그는 8월에 노르웨이를 떠났고, 그로부터 16개월 뒤인 1911년 12월 14일에 지구 최남단에 깃발을 꽂을 수 있었다.

『사진으로 보는 1912년The Year 1912 Illustrated』이라는 책에 실린 이 사진은 아문센이 스키를 신고 썰매 옆에 서 있는 모습을 보여준다. 그의 뒤편에는 십자가 문양이 새겨진 노르웨이 국기가 휘날리고 있다. 아문센의 앞에는 개 몇 마리가 그의 발치에 몸을 웅크리고 있다.

탐험가는 이 사진을 통해 신화적인 위치를 얻었다. 16년 뒤에 비행선 이탈리아호의 승무원들을 도우러 간 아문센과 그가 탄 수상 비행기가 남극에서 실종되면서, 그의 전설은 더욱 공고해졌다.

35

막대한 인명 피해

Great Loss of Life

1912년 4월 14일 – 영국 런던

"막대한 인명 피해."

1912년 4월 16일, 런던에 있는 화이트 스타 라인White Star Line 사무소 앞에서 한 소년이 대양을 항해하는 배들 가운데 '침몰할 가능성이 가장 낮은' 배가 침몰했다는 소식이 실린 신문을 판매하고 있다. 남자들은 의심스럽다는 표정으로 신문을 읽는다. 이 배에 탄 승객의 친지들이 정보를 얻으러 이곳에 왔다. 항해에 나선 2,220명의 승객과 승무원 가운데 1,518명이 사망했다.

타이타닉Titanic 호는 4월 10일에 사우샘프턴Southampton 항을 출발했다. 일등실은 유력 인사들로 만원이었다. 다들 진수도 하기 전부터 전설의 반열에 오른 이 배의 첫 번째 항해에 동참하고 싶어 했다. 하지만 4월 14일 밤, 타이타닉호는 빙산과 충돌했다. 배는 대서양 횡단 기록을 세워 명망 높은 블루 리밴드Blue Riband(대서양을 최단 시간에 횡단하는 정기 운항선에 수여하는 상—옮긴이)를 받으려고 최고 속도로 항해하던 중이었다. 주변에 있던 다른 배들이 빙산의 존재를 알리는 메시지를 여러 개 보냈지만, 선장이 있던 함교로는 하나도 전달되지 않았다. 불필요한 메시지라고 간주했던 것이다. 망보는 이들은 쌍안경을 갖고 있지 않았다. 쌍안경이 보관된 벽장 열쇠를 찾지 못했기 때문이다. 그리고 그날 밤은 바다가 유난히 잔잔했기 때문에 파도가 빙산에 부딪혀서 생기는 물보라가 멀리서 보이지 않았다. 당직 중이던 항해사가 충돌을 피하려는 불가능한 시도를 하면서 기기를 잘못 조작하는 바람에, 빙산은 90미터 길이의 증기선 옆면을 거대한 정어리 통조림처럼 뜯어놓았다. 여객선에는 필요한 구명정 수의 절반만 실려 있었다. 그리고 구명정에는 1,176명이 탈 수 있는 자리가 있었지만 극심한 혼란 탓에 겨우 705명만 올라탔다. 세상에서 가장 큰 배는 충돌 후 세 시간도 안 되어 침몰했고, 뉴욕에 영영 도착하지 못하게 되었다. 배가 진수된 지 겨우 나흘 만의 일이었다.

이 사진은 매우 유명해져서, 사진에 나오는 네드 파펫Ned Parfett 이라는 소년은 '타이타닉 신문팔이 소년'으로 알려지게 되었다. 당시 열여섯 살이던 그의 미래는, 이날 본인이 전한 소식만큼이나 불행했다. 6년 뒤, 프랑스 최전선에서 싸우다가 사망했기 때문이다. 전쟁이 끝나기 고작 며칠 전의 일이었다.

최초의 이동식 조립 라인

The First Moving Assembly Line

1913년 – 미국 미시건주 디트로이트

연속성과 균질화, 혁신이 요약된 이 한 장의 이미지는 이런 개념을 가장 두드러지게 훼손하는 영화계의 두 대표작을 예상하고 있는 듯하다. 프리츠 랑Fritz Lang의 「메트로폴리스Metropolis」 (1927)에는 한 방향으로 길게 뻗어 있는 공장의 기하학적 구조 속에서 베어링을 무기처럼 움켜 쥐고 행진하는 노동자들이 나온다. 그리고 「모던 타임스Modern Times」(1936)에도 바로 이 볼 트가 등장하는데, 찰리 채플린Charlie Chaplin이 연기한 정신 나간 노동자는 볼트에 계속 집착 하는 모습을 보인다.

영화 얘기를 제외하면, 이 사진을 순수하게 미적인 관점에서 설명하기는 어렵다. 사실 디트로 이트에 있는 포드Ford 공장에서 찍은 이 사진에는 예술적인 의도가 전혀 없다. 그보다는 세계 최초의 조립 라인이 작동하는 모습과 그것의 장점을 명확하게 보여주는 게 이 사진의 목적이 다. 기술과 예술의 연관성에 대해 굳이 언급해야 한다면, 여기서는 사진의 아름다움보다 노하 우가 더 중요하다. 하지만 20세기 초의 어떤 사람들은 포드의 대량 생산 철학도 일종의 예술이 라고 여겼다. 특히 근대성을 상징하는 첫 번째 아이콘 가운데 하나인 포드 모델 T를 생각하면 더욱 그렇다. 1913년에 헨리 포드Henry Ford는 93분마다 한 대의 자동차를 만들 수 있었다. 그 전에는 같은 공장에서 한 달에 겨우 자동차를 11대밖에 만들지 못했다. 볼트 한 개에서 시작 해 자동차가 도로로 나가기까지 필요한 시간(12시간)은 그 이후로도 변하지 않았다. 테일러주 의자의 이론은 그 과정을 최적화했을 뿐이다. 그동안 변한 것은 사회다. 소비자는 현대의 컨베 이어 벨트 위에서 깔끔하게 처리된 미래를 환영할 준비가 되었다.

제1차 세계대전의 독가스 공격

Gas Attacks in the First World War

1915년 4월 22일 – 벨기에 이프르

"육지에서 익사하는 기분."

군인들은 사람을 질식시키는 염소 성분 가스의 효과를 이렇게 설명했다. 예기치 못한 공격을 당한 그들은 타는 듯한 감각과 질식하는 듯한 기분을 느꼈다. 기침을 하고 싶었지만 기침하는 게 너무 고통스러웠다. 입과 콧구멍에서 거품이 나기 시작했고 피부가 파랗게 변했다. 더 이상 말을 하거나 움직일 수 없었다. 운이 좋다면 죽음이 빨리 찾아오겠지만, 그렇지 않으면 몇 시간 혹은 며칠 동안 극심한 고통이 계속될 수도 있었다. 이런 중독 단계를 정확하게 기술한 최초의 인물들은 제1차 세계대전 당시 서부 전선에 배치된 병사들이었다. 이들은 생존자들이지만, 그들의 영혼에는 독가스로 죽은 동료 군인 수천 명의 이미지가 고스란히 그리고 영원히 남아 있었다.

이런 독가스의 공포를 담아내려고 한 이 사진은 사실 실제 상황을 찍은 것은 아니다. 하지만 그 효과는 매우 뛰어나다. 이 사진은 1918년에 미 육군 공병대 소속의 에버츠 트레이시 Evarts Tracy 소령이 촬영했다. 트레이시는 군사 위장 전문가다. 실제로 일어난 일을 사진에 담지는 못했지만 그런 장면을 직접 연출할 수는 있었다. 이 사진은 방독면이 아무리 불편하더라도 방독면 착용 명령에 따르지 않았을 때 발생할 수 있는 일을 신병들에게 가르치기 위해 사용되었다. 그리고 이것은 그 어떤 장교의 설교보다 강한 설득력을 발휘했다. 트레이시는 죽음의 공포를 역설하지는 않았지만, 방독면의 효과는 당연시되었다.

독가스는 에버츠 소령이 사진을 찍기 3년 전인 1915년 4월 22일, 전쟁터에 처음 등장해 제2차 이프르 전투Second Battle of Ypres에서 대량으로 사용되었다. 전쟁 초반에 프랑스 국경과 가까운 벨기에 도시 이프르가 연합군에게 중요한 근거지로 부상했다. 독일군이 중립국인 벨기에를 침략했기 때문이다. 또 독일군은 사상 최초로 화학 무기를 사용해서 상대 진영을 공격했다. 그들은 자기들에게 유리한 방향으로 부는 바람을 이용해 168톤의 염소가스를 방출했다. 프랑스와 알제리 군대가 섬멸되었다. 10분도 안 되는 사이에 6,000명이 사망하면서 7.2킬로미터의 전선이 파괴되었다. 독일인들조차 이런 결과가 생기리라고 예상하지 못했기 때문에 그들은 이 상황을 이용하지 못했다. 결국 캐나다 분대가 최전선을 다시 탈환했다.

이 방법은 여론의 비난을 받았지만, 곧 모든 군대가 독가스를 무기에 포함시켰다. 더욱 유독한 혼합물을 개발하기 위한 실험이 이어졌고 결국 머스터드가스mustard gas(공식 명칭은 '이페리트'로, 겨자 냄새가 나는 유독성 액체—옮긴이)가 등장해 이 또한 1917년에 이프르에서 사용되었다. 1915년에 싸운 캐나다 군인들에게는 손수건이나 넝마에 소변을 적신 뒤 그걸 통해서 숨을 쉬는 방법밖에 없었지만(소변의 암모니아 성분이 염소를 중화시켰다), 새로운 화학 무기의 등장과 함께 최초의 방독면도 나왔다. 하지만 방독면 생산은 늘 새로운 가스 무기 개발보다 한걸음 뒤처졌다.

겨울 궁전 공격
Assault on the Winter Palace

1917년 10월 24일 ~ 10월 25일 – 러시아 제국 페트로그라드

순양함 오로라Aurora 호에서 총성이 울려 퍼졌다. 이것이 신호였다. 헌신적이고 결연한 적위대가 러시아의 얼굴을 바꾸기 위해 페트로그라드의 겨울 궁전으로 전진한다. 건물 안에 남아 있던 케렌스키Kerensky 임시 정부 관료들은 곧 닥칠 자신들의 운명을 기다렸다.

이것은 진짜 사진이 아니라 1917년 혁명을 기념하는 세르게이 예이젠시테인Sergej Ejzens~tejn 의 영화 「10월October」(1927)의 한 장면으로, 이 컷에서 가장 두드러진 특징은 한 무리의 경비병들이다. 이는 영화적 창작으로 제시된 내용을 현실적인 진짜 증언으로 인식하는 흥미로운 사례다. 이 영화는 1928년 1월에 레닌그라드Leningrad(예전 페트로그라드)에서 처음 상영되었는데, 그때부터 이 장면은 궁전 점거 모습을 보여주는 공식적인 초상이 되었다.

이 장면이 집단적 상상력에 뿌리를 내리게 된 이유 중 하나는 그 교훈적인 효과 때문이다. 배경에 자리 잡은 건물의 정적인 모습이 전경에 있는 사람들의 역동성과 대조를 이룬다. 경비병들은 어떤 지점으로 집중되면서 일종의 화살 모양을 만들어내는 듯하다. 그들이 입은 외투와 털모자 때문에 개개인의 신원을 파악할 수가 없다. 어차피 혁명의 진정한 주역은 개인이 아니다. 이 장면이 강조하는 것은 그들이 밀고 나가는 이데올로기다. 케렌스키의 '부르주아' 정부를 전복시키고, 국민을 도탄에 빠뜨리고 제1차 세계대전에 끌어들인 책임이 있는 차르의 주요 거주지를 장악한 아방가르드 사상은 프롤레타리아 계급 전체와 동일시된다. 볼셰비키는 전쟁 종식과 토지 분배, 만인의 평등을 약속했다.

하지만 그들의 앞날은 장밋빛이 아니었다. 1917년에는 소수 민족 영토의 강제적인 러시아화, 탄압, 강제 노동수용소 등의 일이 그저 먼 미래의 일이었다. 그러나 1928년에 스탈린이 정권을 잡자 그 모든 것이 코앞으로 다가왔다.

예이젠시테인의 영화 〈10월〉(1927)의 한 장면

레닌이 적군에게 한 연설

Lenin's Speech to the Red Army

1920년 5월 5일 – 구소련 모스크바

1920년 5월 5일, 블라디미르 일리치 울리야노프 레닌Vladimir Il'ič Ul'janov Lenin이 모스크바 중심부에 있는 테아트랄나야Teatralnaya 광장에서 적군Red Army을 상대로 연설을 했다. 임시변통으로 만든 나무 연단을 무대로 사용했는데, 이런 소박함은 10월 혁명 지도자와, 곧 전선으로 떠날 군인들 사이의 친밀함을 강조한다. 신생 국가인 소련과 폴란드의 전쟁이 한창인 가운데, 이 군대는 반혁명 세력이면서 다양한 외세의 지원을 받는 '백군Whites'과도 내전을 치러야 했다. 군대에는 지도자의 격려가 필요한 상황이었다. 레닌은 연설에서 자신들의 적은 폴란드인이 아니라 폴란드의 제도를 지배하는 자본주의라는 사실을 여러 차례 역설했다.

"폴란드인들에게 여러분은 노동자와 농민 공화국의 군인이며, 침략자가 아닌 해방자로서 그곳에 갔다는 것을 보여주십시오. ⋯⋯ 동지 여러분, 우리는 지주와 자본가를 물리치는 데 성공했고, 이제 폴란드의 지주와 자본가들도 물리칠 것입니다!"

레닌은 넘치는 열정과, 전쟁 중에도 계속 민간인 복장을 하고 다니는 것으로 유명해졌다. 이 지도자의 모습은 늘 제복을 입고 절제된 태도를 보이던 스탈린Stalin의 공식 이미지와 상당한 차이가 있다. 하지만 어떻게 보면 레닌의 이 유명한 사진은 스탈린 덕에 탄생한 것이다. 독재자 스탈린은 골드스타인Goldstein이 찍은 이 사진을 수정해서 적군 사령관인 레프 트로츠키Lev Trotsky의 흔적을 모두 지우라고 명령했다. 원래 사진에서는 뒤쪽에 슬쩍 보이는 레프 카메네프Lev Kamenev처럼 트로츠키도 무대 옆에 서 있었다. 하지만 그들을 모든 권좌에서 내쫓고 죽이는 것만으로는 충분치 않아서, 혁명의 상징적인 이미지에서도 제거해버린 것이다.

사진 그리고리 골드스타인 Grigori Goldstein

투탕카멘 왕의 무덤 개장

Opening of Tutankhamun's Tomb

1922년 11월 25일 – 이집트 왕가의 계곡

무릇 고고학자라면 역사상 가장 유명한 발견을 한 영국 출신의 이집트 학자 하워드 카터 Howard Carter(1874~1939)처럼 놀라운 유물을 발견할 수 있기를 바란다.

1907년에 이집트 유물청장인 가스통 마스페로 Gaston Maspero 가 골동품 애호가 카너번 Carnarvon 경에게 카터를 소개했다. 그리고 카터를 왕가의 계곡에서 진행될 카너번의 고고학 탐사 활동 안내인으로 임명했다. 1917년에 시작된 이 프로젝트의 목표는 그 지역 전체를 체계적으로 발굴 해서 제18 왕조의 마지막 파라오들인 아케나텐 Akhenaten 과 그의 아들 투탕카멘 Tutankhamun 의 무덤을 발굴하는 것이었다. 1922년 11월 4일, 몇 년간 쓸모없는 실마리를 따라가면서 실패 만 거듭한 탓에 카너번 경이 이미 발굴 작업에 대한 최후통첩을 내린 상황에서, 마침내 카터의 팀은 봉인된 문으로 연결되는 계단을 발견했다. 이것이 바로 3,000년 넘는 세월 동안 거의 온전 하게 보존된 '소년 파라오' 투탕카멘의 무덤이었다.

이 사진은 최초의 내부 조사를 기념하기 위해 1922년 11월 25일에 찍은 것이다. 사진 속의 카 터는 평생 가장 공들인 사업의 위대한 목표물을 만지기 위해 무릎을 꿇고 있다. 그의 뒤에 서 있는 사람은 아서 캘린더 Arthur Callender 라는 공학자로, 미라가 들어 있는 귀중한 석관을 여는 데 결정적인 역할을 했다. 캘린더 옆에는 현지 노동자가 서 있다.

파라오의 무덤을 파헤치면 신성한 벌을 받게 된다는 '투탕카멘의 저주와 관련된 전설'이 무덤 을 발견한 뒤부터 빠르게 퍼져나갔다. 그리고 발굴에 참여한 몇몇 인물이 수수께끼의 죽음을 맞았다고 생각되면서 이 미신은 더욱 굳건해졌다. 하지만 사실 이 저주는 외국 언론의 관심을 끌기 위해서 고안한 홍보 장치였다. 발굴이 진행되는 동안 사망한 사람은 카너번 경뿐이고, 그 의 사인은 모기에 물린 후유증 때문이었다.

최초의 단독 대서양 횡단 비행

The First Solo Transatlantic Flight

1927년 5월 21일 – 프랑스 파리

찰스 린드버그Charles Lindbergh가 '세인트루이스의 정신Spirit of St. Louis'이라는 이름이 붙은 비행기의 엔진 스위치를 돌린 시간은 아침 7시 52분이었다. 그리고 그가 출발한 루스벨트 필드Roosevelt Field의 진흙 활주로는 전설이 되었다. 그때 스물다섯 살이던 디트로이트 출신의 린드버그는 언제나 기계류를 좋아했고 직업 조종사로 몇 년 정도 일한 상태였다. 뉴욕의 부유한 호텔 소유주 레이먼드 오르테Raymond Orteig는 지난 1919년, 뉴욕에서 파리까지 대서양을 논스톱으로 횡단한 최초의 비행사에게 2만 5,000달러의 상금을 주겠노라 공표한 바 있었다. 그리고 그는, 린드버그야말로 그 상금의 주인이 될 수 있을 거라며 끈질기게 설득했다. 결국 젊은 비행사는 세인트루이스의 자본가들에게 후원을 부탁하고 샌디에이고의 라이언 항공사Ryan Aeronautical Company에 특수 비행기를 제작 주문했다.

그동안 많은 조종사가 이 도전에 나섰지만 실패했고 그 가운데 일부는 목숨을 잃기도 했다. 하지만 린드버그는 도전에 성공해 민간 항공에 대한 전 세계의 열정을 일깨울 운명이었다.

비행은 33시간 30분 동안 이어졌다. 린드버그가 이륙할 때 가지고 있던 물품은 샌드위치 4개와 물 2통, 연료 450갤런이 전부였다. 그는 먹구름과 짙은 안개를 헤치고 나가야 했다. 그리고 비행 도중에 아일랜드 해안까지 얼마나 남았는지 알아보려고 물 위를 스치듯 날면서 어선 몇 척에 소리쳐 물었지만 원하는 답은 얻지 못했다. 하지만 5,800킬로미터를 논스톱으로 비행한 끝에, 5월 21일 오후 10시 22분에 파리 르부르제Le Bourget 공항에 착륙했다. 그곳에서는 거의 10만 명에 달하는 인파가 린드버그를 기다리고 있었다. 사람들이 너무 많아서 사고를 피하기 위해 즉시 엔진을 꺼야 할 정도였다. 현장 조감도를 보여주는 이 사진은 첫 번째 대서양 횡단 비행의 정신을 매우 생생하게 포착하고 있다. 이 이미지는 전 세계로 퍼져 나가 용기와 자유의 아이콘이자 창공을 개척하는 이들의 상징이 되었다.

대공황
The Great Depression

1929년 10월 24일 – 미국 뉴욕

1924년 10월 24일에 찍은 작자 미상의 이 사진이 이튿날 『런던 헤럴드London Herald』 1면에 실렸다. 신문 기사에는 월스트리트 주식 시장이 대폭락하면서 유럽에도 크나큰 충격을 주었다고 쓰여 있었다. 주로 남자들로 구성된 군중들이 뉴욕에 있는 재무성 분국 건물 계단으로 몰려들어 조지 워싱턴George Washington 동상을 에워싸고 있다. 건물 안에는 재무성이 자리 잡고 있다(지금은 페더럴 홀 국립 기념관Federal Hall National Memorial 이다). 건물 반대편에 증권거래소가 있어서 이들 모두 새로운 소식을 기다리고 있는 중이다. 군중들은 불안하기는 해도 아직 침착한 모습이다. 하지만 이곳은 곧 혼돈의 현장이 될 것이다.

주식 시장이 며칠째 불안정하다가 결국 10월 24일 '검은 목요일Black Thursday'에 미국 역사상 가장 심각한 경제 위기가 공식적으로 시작되었다. 아침부터 극심한 공포가 확산되었고, 단 몇 시간 만에 하락 장세에서 1,300만 주의 주식이 매각되었다. 이 상황을 믿을 수 없어 하며 두려움에 떨던 예금자 수천 명이 증권거래소로 몰려가거나 예금을 찾으러 은행으로 달려가는 동안에도 투자자들은 계속 주식을 팔았다. 경찰들이 혼란에 빠진 거리를 다시 통제했지만, 단 몇 시간 사이에 그동안 저축한 돈이 깡그리 사라지는 모습을 본 사람들이 고급 빌라나 작은 중산층 아파트에서 차례차례 자살하는 것까지 막을 수는 없었다. 그 후 사람들을 안심시키려는 미디어 보도에 힘입어 공황 상태가 약간 가라앉기는 했지만, 역사에 '검은 화요일'로 기록된 10월 29일이 되자 경제 붕괴가 최종적으로 확정되었다. 금융 재앙은 유럽 국가들의 경제에도 심각한 결과를 초래했다. 이 때문에 '광란의 20년대'라고 불리던 부유하고 무사태평한 시기는 끝나고 암울한 대공황 시대가 시작되었다.

사진 월터 보스하드

54

간디와 소금 행진
Gandhi and the Salt March

1930년 3월 ~ 4월 – 인도

수천 킬로미터의 해안선을 보유한 인도에서는 소금을 저렴한 비용으로 생산할 수 있으므로 누구나 손쉽게 구해서 사용했다. 하지만 영국 정부가 소금에 매기던 낮은 세율을 폐지하자 가난한 사람들은 소금값을 감당할 수 없게 되었다.

1930년 1월, 인도 의회는 독립 선언문을 발표했고 완전한 주권을 얻기 위해 비폭력적인 시민 불복종 운동을 조직하기 시작했다. 과거 '파괴적인 활동'을 벌여서 영국 정부에 투옥된 경력이 있는 반식민주의 운동 지도자 간디Gandhi는 힌두교도와 무슬림교도를 연합시켜서 '소금세'에 맞서 싸우면 큰 반향을 얻을 수 있을 것이라고 의회를 설득했다.

그는 3월 12일에 79명의 충성스러운 추종자들과 함께 사바르마티Sabarmati의 아시람ashram (힌두교도들이 수행하며 거주하는 곳—옮긴이)을 출발했다. 이들은 400킬로미터를 행진해 인도양 해안에 있는 단디Dandi라는 마을에 도착했다. 간디는 4월 6일에 이곳에서 소금 한 줌을 상징적으로 움켜쥐고는 자기 추종자들에게 법을 어기라고 했다. 이곳까지 걸어오는 동안, 수만 명의 사람들이 '하얀 강(이 행렬을 일컫는 말로, 모두 전통적인 흰 옷을 입고 있었기 때문에 이런 이름이 붙었다)'의 물결에 동참했다. 영국은 (저항하지 않는) 시위자들을 무자비하게 구타하고 수천 명을 체포하는 방식으로 대응했고, 간디도 체포되었다. 스위스 사진작가 월터 보스하드 Walter Bosshard가 이 시위 장면을 기록했다. 남아시아의 문화와 정책을 세심한 눈길로 관찰한 보스하드는 1930년에 마하트마 간디Mahatma Gandhi의 삶에 관한 보고서를 발표했다.

실제적인 관점에서 보자면 소금 행진은 실패로 끝났다. 소금세는 1947년이 되어서야 폐지되었다. 하지만 이 저항 운동의 상징적인 가치는 엄청났다. 소금 행진을 기점으로 독립을 위한 투쟁이 뜨겁게 불타올랐고, 이후 몇십 년 동안 전 세계에서 일어난 비폭력 운동에 영감을 주기도 했다.

이주자 가족의 어머니

Migrant Mother

1936년 3월 – 미국 캘리포니아주 니포모

「이주자 어머니Migrant Mother」라는 제목의 이 사진은 도로시아 랭Dorothea Lange이 1936년 3월에 캘리포니아주 니포모 부근에서 찍은 것이다. 이 사진은 곧 대공황의 상징이 되었다. 이 사진이 탄생하게 된 건 도로시아 랭과 사진 속에 영원히 박제된 서른두 살의 플로렌스 오언스 톰슨Florence Owens Thompson의 우연한 만남 덕분이다. 톰슨은 남편과 일곱 자녀와 함께 더 나은 삶의 기회를 찾아서 경제 위기의 타격이 극심한 미국 곳곳을 돌아다니는 중이었다. 타고 다니던 차가 고장이 나자, 그녀는 다시 출발할 수 있게 되기를 기다리면서 완두콩밭 옆에 임시변통 천막을 쳤다. 사진작가는 바로 그 순간에 톰슨을 만났다. 랭은 고생의 흔적이 역력하지만 그래도 위엄을 잃지 않은 이 여인의 얼굴에 마음이 끌렸다. 힘든 시기임에도 불구하고 포기하지 않고 계속 자랑스럽게 싸워나가는 미국의 모든 어려움을 보여주는 얼굴이었다.

랭이 찍은 톰슨의 사진 여섯 장 가운데 「이주자 어머니」가 가장 유명하다. 톰슨이 캐서린과 루비라는 두 딸에게 대칭적으로 둘러싸여 있고 팔에는 노마라는 여자 아기를 안고 있는 이 사진은 구도 면에서 완벽하다. 카메라에 드러나지 않는 두 어린 소녀의 얼굴이 이미지에 배어든 감정을 증폭시키고, 어머니의 어깨에 머리를 묻고 있는 모습 때문에 어머니의 얼굴이 한층 더 강조된다. 이 사진의 표현력은 피사체의 단순성에 있는데, 흑백의 대조되는 톤 덕분에 그것이 더욱 두드러진다.

도로시아 랭은 미국의 사회적 현실에 관심이 있었고, 이런 극적인 현상을 최대한 직접적이고 확실하게 기록하고 싶었다. 그래서 미국 각지에서 사진으로 된 증언을 수집했고, 그중에서도 「이주자 어머니」가 가장 많은 사랑을 받았다. 이것은 사회적으로 시련을 겪던 시대의 인간 구원을 상징하는 사진이다.

사진 로버트 카파

쓰러지는 병사

Falling Soldier

1936년 9월 – 스페인 코르도바

한 남자가 보이지 않는 적이 쏜 총알에 맞아 목숨을 잃었다. 그는 군인이 아니다. 군복이 아닌 민간인 복장을 하고 있다. 손에는 소총을 들고 있다. 그는 프란시스코 프랑코Francisco Franco 가 이끄는 민족주의 부대에 맞서서 스페인 공화국을 위해 싸우던 민병대원이다. 곧 그의 피가 1936년의 비극적인 여름, 스페인 내전이 발발한 그 여름의 불타는 태양 아래에서 건조해진 안달루시아Andalusia 의 흙을 적실 것이다. 이미지는 더없이 명확하다. 사진은 가장 극적인 순간을 주저 없이 포착했다. 너무나도 놀랍고 무자비한 이 사진은 전쟁의 상징이 되었다. 설명은 여기서 끝날 수도 있다.

하지만 역사가와 학자들 사이에서 이렇게 강한 의혹을 불러일으킨 사진도 드물다. 본명이 엔드레 에르뇌 프리드먼Endre Erno Friedmann 인 헝가리 출신 사진작가 로버트 카파Robert Capa 는 1936년 9월 초에 코르도바 인근에서 이 사진을 찍었다고 주장했다. 이 사진은 같은 달 23일에 프랑스 잡지 『VU』에 실렸고 이후 여러 미국 잡지에도 게재됐다. 어떤 이들은 사진이 너무 완벽해서 진짜 같지 않다고 생각한다. 사람들은 카파가 사진작가라기보다 감독 같은 역할을 했다는 뜻을 내비치면서 이 사진이 연출된 게 아닌지 의혹을 제기하기 시작했다. 하지만 1980년대에 사진의 주인공인 전투원의 친척들이 그의 신원을 확인하면서 조작 이론은 신빙성을 잃었다. 무정부주의자인 '타이노' 페데리코 보렐 가르시아'Taino' Federico Borrell Garcia 는 코르도바에서 북쪽으로 19킬로미터 떨어진 세로 무리아노Cerro Muriano 에서 목숨을 잃었다. 하지만 문제가 되는 것은 사진의 진위 여부만이 아니다.

이 사진을 실제로 찍은 작가가 누구인가 하는 의문도 있다. 전해지는 말에 따르면 이 사진을 찍은 것은 카파 본인이 아니라 전쟁터에서 사망한 카파의 여자 친구 게르다 타로Gerda Taro(1910~1937) 였다고 한다. 그녀는 전장에서 목숨을 잃은 역사상 최초의 보도 사진작가다. 하지만 1947년에 녹음되었다가 2013년에 다시 세상에 알려진 카파의 라디오 인터뷰는 이런 추측에 반박하는 듯하다. 카파는 참호 속에서 밖을 제대로 보지도 않은 채 카메라만 머리 위로 들어 올려서 사진을 찍었다고 말했다. 요컨대 스페인 내전의 아이콘은 우연의 산물, 운명의 장난이었다고 주장한 것이다. 이로써 모든 수수께끼가 풀렸을까? 아무래도 그런 것 같지는 않다. 전문가들의 말에 따르면, 이 사진의 특징은 카파가 사용한 카메라와 호환되지 않으며, 게르다 타로가 사용한 카메라인 롤라이플렉스Rolleiflex 로 찍은 것이라고 한다.

1936년 9월 8일 ~ 9월 14일 – 독일 제3제국

권력, 질서, 위엄, 조국의 숭엄함. 이는 나치당의 연례 국경일인 국민 전당대회 Reichsparteitag des Deutschen Volkes 중에 개최된 군사 집회에서 그곳에 모인 이들과 전 세계에 전달된 원칙이다. 1933년부터 뉘른베르크Nuremberg에서 열린 이 집회는 약 8일 동안 계속되었고, 건축가 알베르트 슈페어Albert Speer가 만든 무대가 있는 광대한 공간(6.8제곱킬로미터)에서 진행되었다. 이 도시는 제국주의의 과거를 통해 독일의 민족적 정체성을 수립하는 데 근본적인 역할을 했고, 나치는 이곳에 강력한 상징적 가치를 부여했다. 1935년에 나치가 뉘른베르크에서 최초의 인종 관련 법률을 공포한 건 우연이 아니다. 그리고 전쟁이 끝나자 동맹국들은 독일 전범을 이곳 법정에 세웠다.

하지만 사진의 배경이 된 1936년은 아직 제2차 세계대전이 시작되지 않은 때였다. 히틀러는 전 세계에 모순된 신호를 보내고 있었다. 3월에는 베르사유 조약을 위반하고 라인 지방을 재무장했다. 8월에는 베를린 올림픽을 통해 독일의 이미지를 부드럽게 완화시켰다. 그리고 9월에 열린 전당대회에서는 다시 호전적인 태도를 보였다. 이 행사의 주제는 '독일의 영광'으로, 총통은 자신이 국제 사회가 부과한 법 시행에 반대해 이 영광을 되찾았다고 주장했다. 이 사진은 행사의 정신을 완벽하게 표현한다. 사진을 보는 사람의 눈에는 금욕적인 전쟁 기계 같은 군대의 모습이 들어온다. 병사 개개인은 얼굴이 보이지 않고 전부 잘 단련된 톱니바퀴의 역할을 할 뿐이다. 스와스티카swastika가 새겨진 세 개의 거대한 깃발이 수직으로 배열되어 지주에 고정되어 있고, 금속 헬멧의 행렬은 그 깃발을 향해 집중된다. 불어오는 바람도 무대의 기하학적이고 비인간적인 완벽성을 흩트리지 않는다.

나치 전당대회
Nazi Party Rally

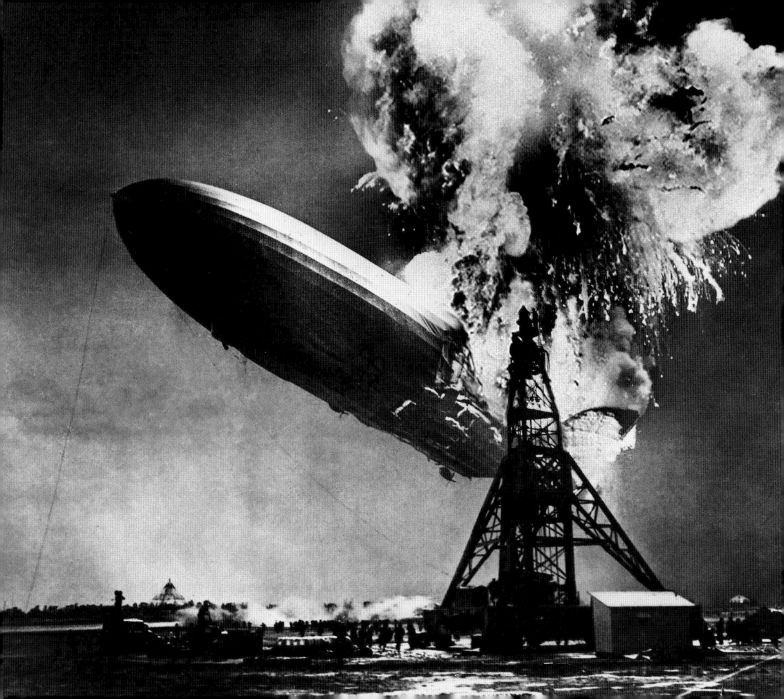

비행선 힌덴부르크호 폭발

The Explosion of the Airship Hindenburg

1937년 5월 6일 – 미국 뉴저지주 레이크허스트

이 이미지가 극적으로 보여주는 장면은 필름에 실시간으로 기록되고 동시에 라디오로도 보도된 최초의 재앙이다. 사진사는 인화성 높은 수소가 5,300만 갤런 가까이 실려 있던 이 거대한 독일 비행선이 폭발하는 순간을 포착했다(불연성 가스인 헬륨 생산은 미국인이 독점하고 있었다). 비행선이 안전하게 제작되기는 했지만, 늘 그렇듯이 우연히 발생한 사건에는 취약했다. 사고의 원인은 뇌우 속을 통과하는 동안 비행선 외피에 정전기가 발생했기 때문이다. 땅과 연결되어 스파크를 일으킨 계류용 케이블도 폭발에 일조했다. 30초도 안 되는 사이에 비행선은 땅으로 추락해 거대한 횃불처럼 타올랐다.

1937년 5월 6일 저녁 7시 25분에 벌어진 일이다. 장소는 뉴저지주 레이크허스트Lakehurst의 비행선 착륙장이다. LZ 129 힌덴부르크LZ 129 Hindenburg호라는 이 비행선은 그때까지 건조된 비행선 가운데 가장 크기가 커서 길이 244미터, 지름 47미터에 수소 탱크가 16개 있었다. 1,200마력짜리 증기 엔진 4개를 이용해 비행선을 추진하고, 속도는 최대 85m.p.h까지 낼 수 있었다.

이름의 머리글자 LZ는 '비행선'과 동의어가 된 브랜드인 체펠린 비행선Luftschiffbau Zeppelin의 약자다. 체펠린 비행선은 수백만 킬로미터를 비행하고 대서양을 500회 이상 횡단하면서 한 번도 사고를 내지 않았다. 단 한 번도. 이 비행선들은 나치 독일 기술의 자랑거리였다. 힌덴부르크호도 1936년에 첫 비행을 시작한 직후에 대서양을 횡단했는데, 이 사고는 첫 비행 후 겨우 6일 만에 벌어진 일이다. 탑승객 97명 가운데 62명만 살아남았다. 집단적 트라우마가 너무 심해서, 이 사고로 인해 항공 역사가 완전히 바뀌게 된다. 사고 즉시 전 세계에 공개된 이런 사진이 항공기와 비행선 사이의 경쟁을 완전히 종결시킨 것이다.

폐허가 된
의회 건물에 서 있는 처칠
Churchill Among the Ruins of Parliament

1941년 5월 11일 – 영국 런던

"현 정부에서 일하는 각료들에게 이야기한 그대로, 의원 여러분께도 똑같은 말씀을 드리겠습니다. 저는 피와 수고, 눈물과 땀 외에는 달리 드릴 것이 없습니다. 우리는 가장 심각한 시련을 앞두고 있습니다. 우리는 길고 긴 투쟁과 고통의 세월을 앞두고 있습니다."

이것은 윈스턴 처칠Winston Churchill 이 1940년 5월에 하원 연설에서 한 말이다.

그로부터 1년 뒤인 1941년 5월 11일, 처칠은 자신이 간결하고 너무나 예언적인 연설을 한 바로 그 방의 폐허 위를 걷게 되었다. 전날 밤에 독일군이 의회를 폭격한 것이다. 상원과 하원 의사당 모두 소이탄燒夷彈 공격을 받았는데, 상원 쪽은 그래도 해를 입지 않은 부분이 조금 있었지만 하원 의사당은 완전히 쑥대밭이 됐다. 수상과 함께 있는 사람은 브렌던 브락켄Brendan Bracken 이라는 사업가로, 의회 의원들과의 관계를 조정하는 처칠의 자문 겸 비서관이다. 브락켄은 곧 공보 장관이 되는데, 그는 언제나 히틀러의 가장 맹렬한 반대자 중 한 명이었다. 이 사진의 극적인 명암 대비 때문에 폐허 속에 고독하게 서 있는 두 사람의 형체가 더욱 선명하게 드러난다. 이들은 티 하나 없는 말끔한 차림새로 침묵을 지킨다. 영국은 침착한 태도를 잃지 않았다. 처칠은 무슨 생각을 했을까? 다른 무엇보다도 저항과 재건을 생각했을 것이다. 훗날 다시 지은 하원 의사당으로 들어가는 아치를 '처칠 아치'라고 부르게 된 것은 우연이 아니다. 두 개의 청동상이 이 아치를 지키고 있는데, 하나는 허리에 손을 올리고 위풍당당하게 서 있는 윈스턴 경의 상이고, 다른 하나는 제1차 세계대전 때 영국 총리였던 데이비드 로이드 조지David Lloyd George 의 상이다.

어쩌면 처칠은 폐허를 살펴보는 동안 이미 히틀러가 영국 민주주의의 상징적인 심장에 가한 타격에 어떻게 복수할지를 생각하고 있었을지도 모른다. 이는 참을 수 없는 분노였다. 그는 베를린을 폭격할 때 무자비하게 행동할 것이고, 1945년 2월에 영국 공군에게 드레스덴Dresden 을 완전히 파괴하라고 명령할 때는 한층 더 가차 없는 태도를 취할 것이다. 하지만 그것은 또 다른 이야기다.

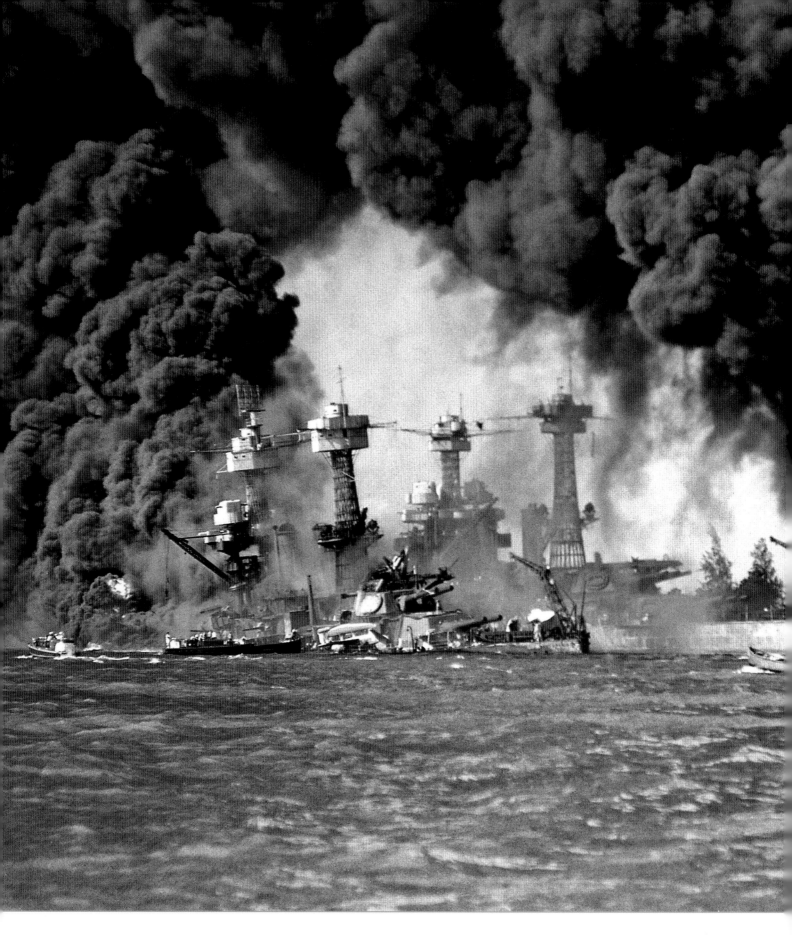

진주만 공격
Attack on Pearl Harbor

1941년 12월 7일 – 미국 하와이

1941년 12월 7일 아침 7시 55분, 태평양에 있는 일본 제국 해군 소속의 항공모함 6대에서 이륙한 일본군 비행기 353대가 하와이 진주만에 있는 미 해군 기지를 기습 공격했다. 이는 상상할 수 없는 수준의 재앙이었다. 단 몇 분 만에 짙은 검은색 연기가 담요처럼 오아후Oahu 섬을 뒤덮었다. 휙휙 날아가는 미사일과 급강하하는 비행기 소리가 귀청을 찢고, 부서진 탱크에서 새어 나온 연료에 불이 붙어 발생한 화염이 만의 물속에서 치솟았다. 그때 항구에 정박해 있다가 공격을 받은 미국 전투함은 모두 침몰하거나 심하게 손상되었고, 지상에 있던 비행기 188대도 파괴되었다. 이 공격으로 2,403명이 사망하고 1,178명의 부상자가 발생했다. 일본의 선전포고는 아직 워싱턴에 전달되지 않은 상태였다. 오랫동안 사람들은 이런 지연이 관료적 실수로 인한 것이라고 생각했다. 하지만 1990년대 말에 도쿄에서 발견된 몇 건의 문서를 통해, 선전포고가 지연된 것은 어디까지나 전략적인 행동이었고 전쟁의 첫 단계에서 상대방에게 최대한의 놀라움을 안겨주려고 고안된 작전이었다는 사실이 드러났다.

화염에 휩싸인 진주만과 공격으로 발생한 피해 규모를 보여주는 이런 이미지, 그리고 이들이 범죄의 희생양이라는 확신은 전쟁 참전에 대한 미국 국민의 의구심을 제거하는 효과를 발휘했다. 군사 작전을 계획한 야마모토Yamamoto 제독은 선전포고를 하기도 전에 공격이 시작되었다는 이야기를 듣고, "일본은 오늘부터 복수를 위해서만 사는 거인의 잠을 깨웠다"라고 말했다고 전해진다.

바르샤바의 게토 파괴

Destruction of the Warsaw Ghetto

1943년 4월 ~ 5월 – 폴란드 바르샤바

"바르샤바의 유대인 거주지는 더 이상 존재하지 않습니다. 저녁 8시 15분에 바르샤바의 유대인 회당을 폭파하면서 그로스 악티온Grosse Aktion(중대 작전)이 끝났습니다. 우리가 처리한 유대인은 총 5만 6,065명입니다. 이는 체포한 이들과 적절한 절차에 따라 처형한 이들을 모두 합친 숫자입니다."

이는 위르겐 슈트로프Jurgen Stroop 원수가 1943년 4월 19일부터 5월 16일 사이에 벌어진 유대인 봉기 진압과 관련해 나치스친위대SS 총사령관인 하인리히 힘러Heinrich Himmler에게 제출한 보고서에 적은 내용이다. 한 달 동안 계속된 충돌은 결국 바르샤바 게토Warszawa ghetto가 완전히 파괴되면서 막을 내렸다. 75페이지에 달하는 이 보고서에는 독일군 소속 사진사가 찍은 사진 49장도 포함되어 있었다. 이 사진들로 만든 앨범 세 권은 슈트로프와 힘러 그리고 프리드리히 빌헬름 크뤼거Friedrich Wilhelm Kruger 사령관이 나눠 가졌다. 사진과 보고서는 뉘른베르크 재판의 증거로 사용되었고, 슈트로프는 재판 결과 사형 선고를 받았다(다른 두 사람은 1945년에 자살했다).

앨범에 들어 있는 사진에는 불타는 집의 창문에서 뛰어내리는 사람들(독일인들은 이 불쌍한 이들에게 '낙하산 부대원'이라는 별명을 붙였다), 총에 맞은 유대인 전투원, 공격을 받으면서 양손을 치켜든 어머니와 아이들의 모습 등이 담겨 있다. 각 사진에는 정확한 설명도 붙어 있었다(일례로 이 사진의 경우, '자기네 소굴에서 강제 퇴출되는 포로들'이라는 설명이 붙어 있다). 이 앨범은 귀중한 역사적 증언을 해준다. 이런 잔인한 증거들 덕에 슈트로프는 폴란드 법정에서 두 번째 재판을 받은 뒤 바르샤바 게토가 있던 바로 그 자리에서 교수형에 처해졌다. 특히 불타는 건물과 번쩍이는 헬멧을 쓴 군인들, 강제 수용소로 향하는 시민들의 모습이 담긴 이 이미지가 뜻하는 바는 매우 자명하다. 한가운데에 있는 서너 살 정도 된 어린 소녀는 넝마로 만든 곰 인형 같은 것을 꼭 움켜쥐고 있다. 이것은 고야Goya의 그림과 비슷한 구도를 통해 나치가 저지른 잔학 행위를 보여주는 가장 끔찍한 사진 가운데 하나다.

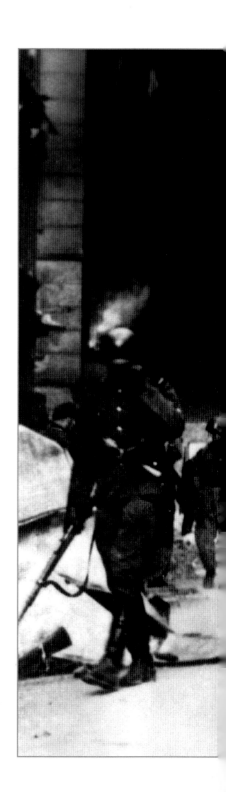

오마하 해변에 상륙한 연합군

Allied Troops Land on Omaha Beach

1944년 6월 6일 – 프랑스 노르망디

노르망디 바다의 수평선에 강철 물결이 나타난다. 1944년 6월 6일 아침의 일이다. 미국 제1보병 사단의 병사들이 독일군 기관총의 맹포화를 받으면서 오마하Omaha 해변에 상륙한다. 그날 아침 작전에 참여한 미국인들 중에 헝가리 난민인 엔드레 에르뇌 프리드먼이 있었는데, 반디Bandi 라는 이름으로 불리기도 한 그는 훗날 위대한 로버트 카파로 성장한다. 그는 그날이 자기 인생에서 가장 긴 날이라고 말했다. "사진이 잘 나오지 않았다는 건, 네가 충분히 가까이 있지 않았다는 뜻이다"라는 것이 그의 모토였기 때문에, 카파는 갑자기 전쟁의 바람이 불어오는 장소에 최대한 가까이 다가가고 싶어 했다. 그의 목에는 콘탁스Contaxes와 롤라이플렉스가 한 대씩 걸려 있었다. 주변에는 어둑한 회색빛이 깔려 있다. 그는 물과 총알, 폭발, 병사들의 시체에 둘러싸여, 생과 사를 가르는 이 유명한 순간을 포착하는 데 성공했다. 초점이 맞지 않는 이 로우샷은 혼돈과 두려움, 흥분과 공포 사이에서 찍은 것이다. 그 후 카파는 위험에서 벗어났다. 카파는 해변에 도착하자마자 오토바이를 탄 사람에게 자기 필름을 건넸고, 그가 런던 사무실에 필름을 전달했다. 나머지는 역사에 기록된 그대로다. 하지만 제2차 세계대전에서 가장 경이로운 사진 보도 자료의 대부분은 암실에서 발생한 사고 때문에 거의 완전히 망가졌다. 106장의 사진 중 겨우 11장만 살아남았다. 하지만 미국인들은 1944년 6월 19일에 『라이프LIFE』에 게재된 이 사진에서, 배의 잔해와 시체가 가득한 물속에서 팔다리를 내젓는 휴스턴 S. 라일리Houston S. Riley 이등병의 초점이 맞지 않는 이미지를 보고는 북프랑스 해안에서 실제로 어떤 일이 벌어졌는지 즉각적으로 깨달았다. 카파가 "초점이 약간 맞지 않는다"고 말한 이 사진에서는, 병사의 검은 몸이 노르망디의 은회색 바다에 가라앉고, 빗발치는 총탄이 끝없이 이어지는 그 기나긴 날의 차가운 북풍 소리와 뒤섞인다. 우리는 영화에 전투 장면이 나올 때처럼 본능적으로 머리를 숙여 총탄을 피하면서, 무의식적으로 적에게 공격받기 쉬운 위치에서 벗어나기를 바란다. 실제로 이 사진들이 스티븐 스필버그Steven Spielberg 감독의 영화 「라이언 일병 구하기Saving Private Ryan」의 첫 장면에 영감을 불어넣었다.

사진 로버트 카파

얄타 회담

The Yalta Conference

1945년 2월 4일 ~ 2월 11일 – 구소련 얄타

나치즘에 맞서 싸운 투쟁의 주역인 처칠, 루스벨트, 스탈린이 모인 이 사진은 흔히 '빅 쓰리 The Big Three'라고 부른다. 제2차 세계대전이 벌어지는 동안, 전장과 멀리 떨어져 있는 회담장에서 세계 지도를 다시 그리면서 많은 나라의 운명이 결정되었다. 1945년 2월에 크림반도에 있는 얄타 Yalta라는 작은 도시에서 열린 이 회담은 대중들 사이에서도 유명해졌다. 그리고 서로 나란히 앉아 있는 연합군 지도자 세 명의 사진 때문에 역사적인 차원에서도 가장 상징적인 회의가 되었다. 각 대표단의 유명 인사들에게 둘러싸인 세 사람은 피곤하지만 만족스러워 보인다. 훗날 역사학자들은 이 회담의 중요성에 의문을 제기하면서, 가장 중요한 결정은 그 전후에 열린 다른 회의에서 내려졌다고 주장한다. 하지만 얄타 회담은 세 명의 지도자가 마지막으로 만난 자리였다는 사실 때문에 그 상징적인 가치를 계속 유지하고 있다. 루스벨트는 전쟁이 사실상 종결된 이듬해 4월에 사망했다. 처칠은 1945년 여름에 선거에서 패해, 노동당 지도자인 애틀리 Atlee가 영국 수상이 되었다. 스탈린은 1953년에 사망할 때까지 계속 권좌를 지켰지만, 전쟁이 끝나면서 세워진 철의 장막 Iron Curtain 때문에 구소련과 서구 사이에 넘을 수 없는 거리가 생겼다. 이런 점에서 보면, 얄타 회담 사진은 20세기의 가장 중요한 역사적 단계 중 하나에 대한 소중한 증언을 제공해준다.

이오지마 전투

The Battle of Iwo Jima

1945년 2월 ~ 3월 – 일본 이오지마

1945년 2월부터 3월 사이의 5주 동안, 도쿄에서 남쪽으로 1,000킬로미터가량 떨어진 전략적 위치에 있는 이오지마Iwo Jima라는 섬이 무섭도록 격렬한 전투 때문에 황폐해졌다. 약 1만 8,000명의 일본군 병사와 7,000명의 미국인 병사들이 여기에서 전사했다.

여러 명의 미국 기자들이 제2차 세계대전의 이 피비린내 나는 현장에서 활동했다. 대부분의 사람은 이것이 승리를 향한 연합군의 개선 행진이라는 선전을 믿었다. 하지만 W. 유진 스미스 W. Eugene Smith 같은 사진작가가 찍은 사진 덕분에 우리는 훨씬 현실적인 이야기를 '듣고' 이 섬을 점령하기 위해 우리가 치른 대가를 이해할 수 있게 되었다.

스미스는 불쾌한 상황을 억지로 완화하려는 노력 대신 전투와 고통, 죽음을 있는 그대로 묘사한다. 그의 사진은 당시에 나온 가장 비타협적인 증언이었다. 인간의 조건을 확고히 하기 위해, 스미스는 이오지마에 있는 동안 50장의 특별한 사진을 찍는 데 성공했다. 특히 이 사진의 주인공은 황폐해진 풍경과 폭발로 인해 생긴 연기와 먼지의 거대한 구름이다. 자세히 보지 않으면 엄호를 위해 몸을 웅크리고 있는 군인들을 놓칠 수도 있다. 그들은 전쟁의 파괴적인 힘에 좌우되는 미약한 존재들이다. 흑백의 색감(당시의 보도사진은 전부 흑백이었다)이 이 장면의 색과 희망까지 앗아갔다. 스미스는 이 보고서를 제출하고 두 달 뒤에 박격포에 맞아 다쳤고, 그 부상 때문에 종군 기자 경력도 끝났다(하지만 사진작가로서의 경력까지 끝난 건 아니다).

스미스의 사진이 이오지마 전투를 상징하는 사진으로 선택되지 않은 이유는 쉽게 이해할 수 있다. 그 영광은 언덕 위에서 성조기를 치켜든 승리한 해병대의 모습을 담은 조 로젠탈Joe Rosenthal의 사진이 차지했다. 어떤 이들은 그 장면이 사진을 찍으려고 일부러 꾸며낸 모습이었다고 말하기도 한다.

부헨발트 강제 수용소의 유대인 생존자들

Jewish Survivors in Buchenwald

1945년 4월 16일 – 독일 부헨발트

"나는 절대 그날 밤을 잊지 않을 것이다. 수용소에서 보낸 첫날 밤, 내 인생을 일곱 번 저주받고 일곱 번 봉인된 하나의 기나긴 밤으로 바꿔놓은 그날을."

노벨 평화상 수상자이자 나치 강제 수용소에서의 비극적인 생존에 대해 이야기한 『밤Night』이라는 책의 저자인 엘리 위젤Elie Wiesel의 기록이다.

위젤은 연합군이 독일의 부헨발트Buchenwald 강제 수용소를 해방시킨 지 닷새 뒤인 1945년 4월 16일, 헨리 밀러Henry Miller라는 이등병이 찍은 이 조잡한 사진 속에서 자신의 모습을 알아보았다. 작가는 자기가 침상 2층에서 일곱 번째에 있는 사람이라고 말하지만, 방이 어두워서 얼굴이 잘 보이지 않는다. 앞쪽에 반쯤 벌거벗고 서 있는 수척한 젊은이는 수상쩍은 시선으로 카메라를 쳐다보고 있다. 희미한 빛 속에서 그의 창백한 가슴과 갈비뼈가 선명하게 도드라진다. 다른 이들도 놀란 표정의 여윈 얼굴을 침상에서 내밀어 카메라를 응시하고 있다. 미국인들이 도착해 전쟁이 끝났고 그들의 포로 생활도 끝났음을 알렸을 때 이들이 어떤 기분을 느꼈을지는 그저 상상만 할 수 있을 뿐이다.

1945년 4월 초, 다가오는 패배 때문에 나치스친위대SS의 힘이 약해지고 무너질 날이 가까워지자 수용소의 포로들은 그 기회를 활용했다. 수감자들이 경비병을 공격해 수용소를 장악했다. 몇 시간 뒤, 미국 탱크가 부헨발트의 문을 부수고 진입했다.

밀러 이등병이 찍은 사진은 훗날 몇 가지 의문을 야기했다. 다른 생존자들의 증언이 위젤의 증언과 일치하지 않았고, 그들은 사진 속의 인물 중에서 위젤을 찾아내지 못했다. 심지어 미국인들이 반독 선전을 위한 이미지를 만들기 위해 가장 허약하고 아픈 포로들만 골라서 사진을 신중하게 구성했다고 넌지시 말하는 이들도 있었다.

하지만 이런 논란과 별개로, 이 사진에 남아 있는 것은 역사상 가장 참혹한 시대 중 하나에 대한 애달픈 증언이다.

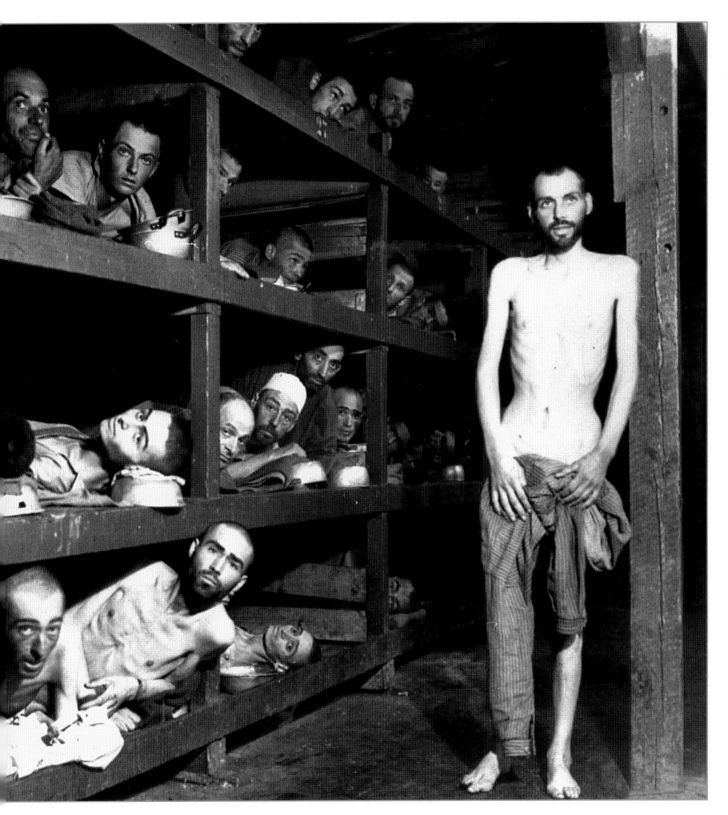

사진 헨리 밀러

나가사키 원자 폭탄 투하

The Nagasaki Atomic Explosion

1945년 8월 9일 – 일본 나가사키

미국이 원래 제2차 세계대전에서 사용된 두 번째 원자폭탄인 '팻맨Fat Man'을 투하하려던 곳은 고쿠라Kokura라는 일본 도시였다. 폭탄을 운반한 비행 중대는 B-29 폭격기인 거대한 플라잉 포트리스Flying Fortress 여섯 대로 구성되었다. 사흘 전 히로시마에 첫 번째 폭탄을 투하한 비행기인 래깅 드래곤Laggin' Dragon과 에놀라 게이Enola Gay가 기상 조건을 확인하기 위해 한 시간 전에 미리 그 지역을 비행했다. 그들은 목표물인 고쿠라가 구름에 뒤덮여 있는 것을 보았다. 그래서 중대장은 고쿠라 대신 나가사키에 폭탄을 떨어뜨리기로 했다.

1945년 8월 9일 오전 11시, 폭탄은 지상 490미터 지점에서 폭발했고, 버섯 모양의 구름이 19킬로미터 높이까지 치솟았다. 폭발 지역의 온도는 섭씨 4,000도(화씨로 약 7,100°F)에 달했고 극도로 강력한 풍류가 발생했다. 지상에 번진 불길은 히로시마보다 약했지만, 나가사키에서도 단 몇 초 만에 약 3만 명이 사망했다.

그날 폭탄을 투하한 사람들 중에는 폭발을 감시하고 측정해 사진으로 남기는 임무를 맡은 이들도 있었다. 『뉴욕타임스The New York Times』의 과학 분야 기고가인 윌리엄 L. 로렌스William L. Laurence와 카메라를 든 찰스 레비Charles Levy라는 젊은 장교가 그레이트 아티스트Great Artiste호에 탑승했다. 전 세계가 핵폭탄이 일으키는 무시무시한 버섯구름에 대해 알게 된 것은 이들 덕분이다. 이런 이미지가 전달하는 공포가 전쟁 종식을 가속화했다는 것이 보편적인 생각이다.

아무도 이런 결과를 예상하지 못했다. 맨해튼 프로젝트Manhattan Project에 참여한 과학자들(나치의 핵 위협을 예상하고 1939년부터 핵무기 연구를 시작한 이들)조차 히로시마와 나가사키에서 어떤 일이 벌어질지 추측할 수 없었다.

대일본 전승 기념일의 타임스퀘어

V-J Day in Times Square

1945년 8월 14일 – 미국 뉴욕

1945년 8월 14일 화요일, 제2차 세계대전이 실질적으로 막을 내렸다. 일본은 워싱턴 시각으로 정확히 오후 7시에 항복 선언을 했고, 트루먼Truman 대통령은 미국 국민에게 공식적으로 승리 사실을 알렸다.

이 잊을 수 없는 날은 역사적으로 '대일본 전승 기념일Victory over Japan Day', 즉 'V-J 데이'로 기억될 것이다. 맨해튼의 중심부인 타임스퀘어는 미국 전역에 있는 수천 개의 다른 도시 중심부와 마찬가지로 승리를 자축하는 남녀로 북적였다.

알프레드 아이젠슈테트Alfred Eisenstaedt는 라이카 IIIaLeica IIIa 카메라를 들고 거리로 나갔다. 10년 동안 『라이프』에 사진을 기고해온 그는, 주로 피사체가 카메라를 의식하지 않은 상태에서 자연스럽게 촬영하는 것으로 유명하다. 자연광을 이용하고 사진 찍기에 가장 좋은 순간을 직감적으로 포착하며, 피사체에 자신의 존재를 알리지 않은 채 사진을 찍는 경우가 많다.

그날 저녁 5시 51분에 타임스퀘어에서 자기들 눈에 보이지 않는 렌즈 앞에서 행복하게 입을 맞추는 수병과 간호사의 상황도 바로 그러했다. 아이젠슈테트는 연속으로 네 장의 사진을 촬영했고, 밀착 인화지에서 보이는 것처럼 정확하게 대각선으로 기울어진 완벽한 여인의 몸과 그녀의 허리를 감싼 수병의 팔과 평행을 이루며 올라간 다리의 아름다움을 포착했다. 그런 다음 아이젠슈테트는 새로운 피사체를 찾아 자리를 옮겼다.

이 사진이 『라이프』에 전면 게재되자, 미국의 모든 세대는 두 젊은이가 느끼는 행복과 쾌활함을 은유적이 아닌 직접적으로 확인하게 되었다. 수병과 간호사의 얼굴이 가려져 있어서 신원을 확인하고 싶어 하는 이들이 많았던 탓에, 잡지 편집부에는 자신이 사진의 주인공이라고 주장하는 독자들의 메시지가 쇄도하기도 했다. 요컨대 이 사진은 대중의 아이콘이 된 것이다. 거대하면서도 팝적인 조각상인 「무조건 항복Unconditional Surrender」이 이 키스 장면에 영원성을 부여한 것은 우연이 아니다. 시워드 존슨Seward Johnson이 제작한 조각상은 타임스퀘어에 몇 차례 설치되기도 했다.

사진 알프레드 아이젠슈테트

히로시마의 모자

Mother and Child in Hiroshima

1945년 12월 – 일본 히로시마

제2차 세계대전이 끝난 직후에 일본을 찾은 독일계 미국인 사진기자 알프레드 아이젠슈테트는 악몽 같은 모습을 목도했다. 때는 1945년 12월이었다. 그해 8월에 히로시마와 나가사키가 전례 없는 폭력에 일소되다시피 하자 결국 일본은 무릎을 꿇고 항복했다. 두 차례의 핵폭탄 폭발 당시에 사망한 이들은 어쩌면 운이 좋은 것일지도 모른다. 생존자들 대부분은 방사능 때문에 서서히 죽음을 맞았다. 이와 머리카락이 빠지고 피를 토했으며 방사능에 오염된 폐허 사이를 유령처럼 돌아다니면서 죽음을 기다렸다.

아이젠슈테트는 히로시마의 폐허 속에서 매우 강력하게 두드러지는 이 사진을 찍었다. 전통 의상을 입고 불탄 나무들을 배경으로 나란히 앉아 있는 모자의 모습을 미사여구 없이 담은 초상이다. 피사체와 사진 구도가 전통적인 성모자상Madonna and Child의 도해법을 상기시키며 그와 똑같은 엄숙함도 드러낸다. 조용히 앉아 있는 여인과 그녀의 아이는 엄청난 파괴의 현장 한가운데에서도 위엄을 유지하고 있다. 이들은 마치 주의를 촉구하듯 카메라를 들여다보며, 관찰자에게 인간의 잔인함이 어디까지 뻗어갈 수 있는지 기억에 새기도록 한다.

이 사진을 찍을 무렵에는 미국인과 일본인은 더 이상 적이 아니었고, 전쟁 선전도 더는 흥미롭지 않았다. 일본인들은 그저 패전국 국민일 뿐이었다. 이 이미지는 바로 이런 이유로 더 충격적이다. 수십 년이 지난 지금까지도 이 모자의 눈에 떠오른 의문에 답하는 것은 불가능한 일이다.

사진 알프레드 아이젠슈테트

식민지였던 인도가 독립하기까지

From Colonialism to Independence for India

사진 앙리 카르티에 브레송

1947년 8월 14일 ~ 8월 16일 – 인도 델리

"전 세계가 잠든 한밤중에도 인도는 여전히 잠들지 않고 생명과 자유를 갈구한다."

인도의 초대 총리인 자와할랄 네루Jawaharlal Nehru는 이 말과 함께 인도 독립을 선언했고, 1947년 8월 14일 밤에 이 선언이 공식적으로 발효되었다. 인도와 무슬림 국가인 파키스탄의 분리 과정은 무척 힘겨웠고, 그 과정에서 많은 인명이 희생되었다. 성공적인 결과를 얻은 것은 정치적 노력과 간디가 오랫동안 주도한 비폭력 저항 운동 덕분이다. 또한 마지막 영국 총독인 루이스 마운트배튼Louis Mountbatten 경의 중재 덕분이기도 하다. 하지만 그 과정은 아직 결론이 지어지지 않았다. 1950년이 되어서야 겨우 공화국이 선포되었고, 마운트배튼 경은 10개월 동안 총독 자리를 유지했다. 그는 첫 번째 이행 단계 때 나라를 이끄는 책임을 졌다.

앙리 카르티에 브레송은 1947년부터 1948년 사이에 인도를 방문해 이 역사적인 흐름을 기록했다. 그가 찍은 유명한 사진들이 대부분 그렇듯이, 이 이미지도 이야기의 정수를 한순간에 증류시키는 데 성공했다. 사진 앞쪽에는 마운트배튼 경이 자리 잡고 있다. 그의 시선은 서류를 향하고 있고, 지금 자기 주변에서 벌어지는 일에 관심이 없는 것처럼 보인다. 그 옆에서는 그의 아내 에드위나Edwina와 네루가 마주 보고 대화를 나누면서 은근한 친밀감을 드러낸다. 우리의 시선은 총독에게서 인도 정계의 새로운 주인공인 네루 쪽을 향해 대각선으로 흐르는데, 사진작가는 네루에게 초점을 맞추고 있다. 두 남자 사이에 앉은 마운트배튼 부인의 옆모습은 순식간에 스쳐 지나간다. 따라서 이야기는 세 사람 사이의 공적인 측면에서 사적인 측면으로, 기관의 책임에서 개인의 책임으로 흘러간다. 지금은 총독의 부인과 인도 총리 사이에 강렬한 낭만적 유대감이 존재했다는 사실이 알려져 있는데, 아마도 플라토닉 러브 관계였던 듯하다. 이 관계는 그녀가 죽을 때까지 지속되었다.

팔레스타인에 상륙한 SS 국제 연합선

The SS United Nations Lands in Palestine

1948년 2월 2일 – 팔레스타인 나하리야

제2차 세계대전이 끝나고 3년 뒤인 1948년, 나치 독일 치하에서 살아남은 많은 유대인 난민은 여전히 갈 곳이 없었다. 국제 연합UN, United Nations에서 이들에 대한 논의가 진행되는 동안, 많은 난민이 중부 유럽의 난민 수용소에서 살았다. 미국으로의 이민을 선택한 이들도 있었다. 팔레스타인에 정착한 이들과 합류하고 싶어 하는 유대인 난민도 많았지만, 영국이 1939년 백서를 통해 부과한 제약 때문에 이 지역의 이주민 수가 제한되었다. 이 사진에 나오는 난민들은 SS 국제연합선을 타고 불법으로 이곳에 도착해 하이파Haifa 인근의 나하리야 북쪽 항구 해안으로 헤엄쳐 가는 중이다. 700명의 난민을 태우고 바리Bari를 떠난 이 배는 영국 선박의 봉쇄를 뚫는 데 성공했다.

이 사진을 찍은 익명의 사진작가는 세계 각지에서 활약한 최초의 사진 에이전시 중 하나인 '해리스 에이전시 키스톤Harris Agency Keystone'에 소속된 사람이다.

당시 금지 조치를 뚫으려고 시도한 선박은 SS 국제연합선만이 아니다. 1945년부터 1948년 사이에 시온주의 조직들은 난민이 가득 탄 수십 척의 배를 출항시키는 데 성공했다. 대부분 이탈리아 해안에서 출발한 그 선박들을 이용해서 6만 9,000명이 넘는 이들이 이동했다. 하지만 영국 해군이 일부 배들을 가로막는 바람에 그 배의 승객들은 키프로스Cyprus에 있는 수용소에 억류되거나 원래 살던 나라로 송환되었다. 이런 선박들 가운데 규모가 가장 큰 SS 엑소더스SS Exodus호가 1947년 7월 11일에 프랑스에서 출발했는데, 며칠 뒤 영국 해군이 이 선박을 저지하고 선상에 올라간 것이 세계적인 뉴스거리가 되었다. 이 과정에서 난민들이 저항하고 싸움을 벌여 세 명이 사망하고 많은 부상자가 발생했다.

1948년 5월, 팔레스타인에 대한 영국의 위임 통치가 끝나고 국제 연합이 인정한 이스라엘이 건국되면서 모든 것이 바뀌었다.

베를린 공중 가교

The Berlin Air Bridge

1948년 7월 – 독일 연방 공화국 베를린

1948년 6월 25일부터 1949년 9월 30일까지 역사상 가장 대규모로 진행된 인도주의적 사업인 공중 가교 덕분에 이 도시 전체가 살아남았다. 462일 동안 미국, 프랑스, 영국에서 이륙한 27만 8,000대 이상의 항공기가 베를린 템펠호프Tempelhof 공항으로 향했고 이 작전이 절정에 이르렀던 시기에는 매일 1,400대의 비행기가 이 공항에 착륙했다. 공중 가교는 서베를린 주민들에게 식품과 의약품, 석탄을 공급하기 위한 것이었다. 소련군이 도로와 철도를 봉쇄해 이 지역을 외부 세계와 격리시켰기 때문이다. 이것이 냉전의 첫 번째 사건이었으며, 베를린 장벽이 무너질 때까지 지속될 새로운 지정학적 균형에 대한 총연습이라 할 수 있다.

당시 미국 잡지 『라이프』에서 일하던 최고의 사진작가 월터 샌더스Walter Sanders가 분열된 독일 수도의 공중 가교를 기록으로 남겼다. 그는 독일에서 태어났지만 히틀러의 세력이 커지자 1933년에 미국으로 이민을 갔다. 밝은 배경 때문에 인물들이 선명한 짙은 색으로 보이는 이 흑백 사진은 존 포드John Ford 영화의 한 장면이 될 수도 있다. 여기에는 땅에 흩어져 있는 잔해, 폭격을 맞아 산산이 부서진 벽, 시선을 하늘로 향한 채 움직이지 않고 서 있는 군중, 햇살에 물든 구름 속에서 내려오는 거대한 비행기의 형태 등 온갖 드라마틱한 요소들이 포함되어 완벽한 균형을 이루고 있다. 이 비행기는 짐을 잔뜩 싣고 있지만 그 짐은 폭탄이 아니라 사탕이다. C-47 화물 수송기에는 실제로 '건포도 폭격기'라는 별명이 붙었다. 아이들을 위해 초콜릿과 껌, 설탕 입힌 아몬드 등이 들어 있는 꾸러미에 작은 낙하산을 달아서 지상에 떨어뜨려주곤 했기 때문이다. 따라서 모스크바가 베를린 시민들을 아사시키려고 하는 동안, 미국은 사탕 외교를 시작했다. 이 작전은 독일 여론에 강한 정서적 영향을 미치고 양국의 미래 관계를 규정하는 데 기여했다.

사진 월터 샌더스

마오쩌둥의
중화인민공화국 설립 선언
Mao Zedong Declares the Foundation of the PRC

1949년 10월 1일 – 중화인민공화국 베이징

1934~1935년의 공산당 대장정은 시작에 불과했다. 그 전설적인 퇴각으로부터 15년 뒤, 인민 해방군이 된 홍군은 거대한 나라를 완전히 장악하는 과정에서 상상 이상의 성과를 거두었다. 이는 일련의 극적인 사건들을 본인에게 유리한 쪽으로 바꾸는 데 성공한 마오쩌둥Mao Zedong 의 끈기 있는 리더십 덕분이다. 첫 번째 사건은 끔찍한 잔혹 행위가 발생한 일본군의 침략이다. 그리고 제2차 세계대전이 발발했고, 그다음에는 국민당 민족주의자들을 상대로 내전이 벌어 졌는데, 국민당은 1949년 4월에 난징에서 항복했다. 중화민국의 총통인 장제스 장군은 남은 군대를 이끌고 타이완으로 피신해야 했다.

1949년 10월 1일, 마오쩌둥은 톈안먼 광장에서 30만 명의 청중을 대상으로 연설을 했다. 광장 은 붉은 깃발과 농부들이 높이 치켜든 붉은 손수건 그리고 회녹색 제복의 빛깔로 물들었다. 하 지만 남편 쑤 샤오빙Xu Xiaobing과 함께 마오쩌둥의 공식 사진사로 활약한 25세 여성 작가인 허우 보Hou Bo는 이 사진을 찍으면서 광장의 모습을 무시하기로 했다. 대신 그녀는 지도자의 연설에 집중한다. 마오쩌둥은 '중국 공산당의 지도하에' 중화인민공화국 설립을 발표하고 베 이징을 새로운 수도로 선포했다. 그는 당 대표자 회의와 군부가 함께 자신을 인민공화국 대통 령으로 임명했다고 말했다. 저우언라이Zhou Enlai라는 남자가 새로운 총리가 되었다. 하지만 실제로는 마오쩌둥과 그의 아내 장칭Jiang Qing이 근 30년간 권력을 유지하게 된다. 이때 장칭 은 젊은 사진사 보를 완전히 신뢰하지 않는 상태였다. 어쩌면 보가 마오쩌둥에게 가까이 접근 할 수 있다는 사실에 분개했을지도 모른다. 실제로 장칭은 문화 혁명 기간 내내 허우 보를 가 짜 공산주의자라며 고발했고, 그 뒤 이 사진사는 냉대를 받았다. 하지만 이런 일은 위대한 지 도자에 대한 허우 보의 열렬한 존경심에 영향을 미치지는 못했다.

사진 안토니 배링톤 브라운

DNA 이중 나선 모형

The Double Helix Model of DNA

1953년 4월 – 영국 케임브리지

미국인 과학자 제임스 왓슨James Watson과 영국인 과학자 프랜시스 크릭Francis Crick이 DNA 구조를 분석하기 시작했을 때, 과학계는 아직 DNA에 유전 정보가 들어 있다는 가설을 받아들이지 않은 상태였다. 하지만 1944년에 시작된 실험에서 벌써 이런 결론에 도달한 상태였기 때문에, 디옥시리보핵산의 물리적·화학적 성질을 이해하는 일이 갈수록 중요해졌다. 이 두 명의 과학자가 한 핵심적인 기여는 분자가 어떻게 유전 정보뿐만 아니라 그것을 복제하기 위한 '견본'까지 가지고 있는지 보여주는 모델을 제시했다는 것이다. 그 열쇠는 영국인 과학자 로절린드 프랭클린Rosalind Franklin이 진행한 DNA의 X선 회절 연구에서 유래되었다. 그녀가 발견한 이미지는 그 유명한 이중 나선 구조를 보여준다.

사진 속의 두 젊은이(왼쪽이 왓슨, 오른쪽이 크릭)는 케임브리지 대학의 캐번디시 연구소 Cavendish Laboratory에 설치된 3차원 DNA 모델 옆에 서 있다. 이 사진은 안토니 배링톤 브라운Antony Barrington Brown이라는 학생이 찍은 여러 장의 사진 중 하나로, 이들의 연구 결과가 1953년 4월 25일에 『네이처Nature』에 실린 직후에 찍은 것이다. 그들 뒤쪽의 벽 중심부에는 크릭의 아내인 오딜 스피드Odile Speed라는 화가가 그린 나선 모양 스케치가 붙어 있다. 그들의 열의와 만족감이 손에 잡힐 듯 뚜렷하게 드러난다. 이 사진이 초점을 맞추고 있는 장면은 현대 생물학에서 가장 중요한 사건 중 하나다.

『타임TIME』은 브라운의 사진을 싣는 것을 거부했다. 1962년에 두 과학자가 노벨 의학상을 수상했을 때도 이 사진에 관심을 보이는 매체는 전혀 없었다. 그러다가 1968년에 왓슨이 출간해 금세 베스트셀러 반열에 오른 『이중 나선The Double Helix』이라는 책에 이 사진이 실리자, 그 때부터 널리 게재되었다.

에베레스트 정상에 선
힐러리와 텐징

Hillary and Tenzing on the Summit of Everest

1953년 5월 29일 – 네팔 히말라야 산맥

에베레스트 정복은 30년 넘는 세월 동안 전 세계를 흥분시킨 특별한 위업이었다. 1921년에 처음 시도한 후로 이 노력에 가장 결연한 의지로 참가한 이들은 영국인들이었다. 하지만 1953년이 되어서야 겨우 당시 영국 육군 대령이었던 존 헌트John Hunt 가 이상적인 팀을 구성할 수 있었다. '너무 젊지 않은' 강인한 등반가들을 모은 이유는 8,000미터(2만 6,000피트)의 산을 올라가려면 '규율을 지키는 재능과 비범한 인내심'이 필요하기 때문이라고 그는 말했다.

당시 33세였던 에드먼드 힐러리Edmund Hillary도 이 그룹의 일원이었다. 그는 오클랜드 출신의 양봉업자였다. 그는 히말라야를 등반한 경험은 적었지만 뛰어난 힘과 체력을 지닌 사람이었다. 텐징 노르가이 Tenzing Norgay 라는 38세의 셰르파도 이 그룹에 속해 있었다. 그는 다섯 차례나 에베레스트 정상에 도전한 적이 있다고 자랑했고, 1952년에 스위스 원정대와 함께 8,600미터(2만 8,000피트) 높이까지 올라가 이 산에서 최고 고도까지 도달한 기록을 보유하고 있다. 문화와 출신 환경이 판이한 이들 두 사람이 최후의 돌격을 위한 채비가 가장 잘 갖춰져 있었던 것이 입증되었다. 동료 원정대원인 W. 조지 로우W. George Lowe 가 찍은 이 사진은 정상 직전의 8,500미터(2만 7,887피트) 지점에 설치한 마지막 캠프에 있는 두 사람의 모습을 보여준다. 이들은 5월 29일 아침 6시 30분에 텐트를 출발해, 다섯 시간의 고투 끝에 8,848미터(2만 9,029피트) 높이에 있는 세계의 지붕에 도착했다.

"우리는 악수를 나눴고, 이어서 텐징이 내 어깨를 감싸 안았다. 우리는 서로의 등을 두드려줬다."

이들의 승전보는 그로부터 며칠 뒤인 6월 2일, 엘리자베스 여왕의 대관식 날에 발표되었고 즉시 전 세계에 충격을 안겼다. 이날은 영연방 전체와 본인들의 나라에서 최고의 영예를 얻은 등산계의 두 주인공에게 영광스러운 날이었다. 에베레스트 등정에 성공한 뒤에도 두 사람은 똑같은 운명을 공유했다. 네팔 국민을 위한 학교와 병원 그리고 루클라Lukla 공항을 지을 기금을 마련하는 일에 전념했는데, 현재 이 공항에는 그들의 이름이 붙어 있다.

사진 W. 조지 로우

엘리자베스 2세의 대관식

The Coronation of Elizabeth II

1953년 6월 2일 – 영국 런던

영국 왕권의 상징인 세인트 에드워드 왕관과 홀, 지구본을 들고, 길이가 5미터나 되는 흰 담비 털로 장식한 예복을 차려입은 젊은 여왕이 왕좌에 앉아서 입회인 쪽을 바라보고 있다. 그 뒤쪽에는 엄숙한 대관식이 진행된 웨스트민스터 성당Westminster Abbey의 고딕 양식 둥근 천장과 스테인드글라스 창문이 보인다. 이것은 가장 공식적인 초상이다. 원근 표현 능력이 뛰어난 세실 비튼Cecil Beaton은 과거의 위대한 군주들을 찬양하는 그림에서 포즈와 구성을 취했다. 하지만 우리는 현대인 1953년의 모습을 보고 있는 것이며, 27세의 나이에 왕위에 오른 여왕의 단호한 시선은 60년이 넘는 재위 기간 동안 매스미디어를 통해 세상에 알려지게 될 것이다. 사실 엘리자베스 2세는 1952년에 아버지 조지 6세가 사망한 뒤에 이미 영국, 캐나다, 호주, 뉴질랜드, 남아프리카, 실론, 파키스탄의 여왕이 된 상태였다. 이듬해가 되어서야 대관식이 열린 이유는 서거한 군주에 대한 애도 기간을 지키기 위해서였다. 대관식 준비 기간만 16개월 이상이었고, 총 400만 달러의 비용이 소요되었다. 소문에 따르면, 엘리자베스 여왕은 왕관 무게에 익숙해지려고 집에서 며칠 동안 왕관을 쓰고 지냈다고 한다.

이것은 제2차 세계대전이 끝난 이후 미디어로 중계된 첫 번째 행사였다. 대관식은 이런 종류의 의식 가운데 텔레비전을 통해 처음으로 실황 중계된 의식인데, 이는 여왕 본인의 지시에 따른 것이다. 실제로 엘리자베스 여왕은 텔레비전 카메라가 있으면 보안상의 위험이 생긴다고 여긴 처칠과 정부의 의견과 반대되는 쪽을 선택했다. 수백만 명의 시청자들이 대관식을 지켜봤고, 엘리자베스 여왕의 치세가 군주제의 옛 전통과 동시대의 삶 사이에 어떤 식으로 다리를 놓을 것인지 즉각적으로 이해하게 되었다.

사진 세실 비튼

로자 파크스와 시민 불복종

Rosa Parks and Civil Disobedience

1956년 12월 21일 – 미국 앨라배마주 몽고메리

1955년 12월 1일 저녁, 로자 파크스Rosa Parks는 다른 많은 이처럼 앨라배마주 몽고메리의 백화점에서 하루 일을 마치고 집에 돌아가던 중이었다. 그때 그녀의 나이는 마흔두 살이었고 평소보다 더 피곤한 상태는 아니었다. 하지만 참고 굴복하는 것에는 이미 진력이 나 있었다. 집으로 가는 버스에 탄 그녀는 백인들을 위해 마련된 좌석과 흑인들을 위해 마련된 좌석 사이의 중간 구역에 앉았다. 가는 동안 버스에 승객이 늘어 몇몇 백인 승객들이 선 채로 가게 되었다. 그러자 운전사가 로자에게 자리를 양보하라고 요구했다. 로자는 단호하고 위엄 있는 태도로 "싫다"라고 말했고 이 때문에 경찰에 체포되었다.

이런 사건이 벌어진 것이 처음은 아니지만, 로자의 경우 아프리카계 미국인의 권리에 대한 의식적인 움직임이 더욱 거세게 표면화되면서 시민 불복종 운동이 일어났고 결국 역사적인 승리를 거두었다. 12월 5일, 몽고메리의 흑인 공동체가 버스 불매 운동을 조직했고, 이 운동은 미국 대법원이 대중교통의 인종 분리 정책이 헌법에 위배된다고 선언할 때까지 381일간 지속되었다. 1956년 12월 21일, 로자 파크스는 새로운 시대의 버스에 탑승한 최초의 아프리카계 미국인 가운데 한 명이 되었다. 이 사진은 앞으로도 그날 찍은 가장 유명한 사진으로 남을 것이다. 로자는 전에는 흑인들이 앉지 못하게 금지되었던 첫 번째 줄에 앉아 있고 그 뒤에 백인 남자가 앉아 있다. 사진에 등장하는 단 두 명의 인물들은 서로 반대 방향을 바라보고 있다. 가까이 있기는 하지만 서로 다른 두 세계에 속해 있다. 이 사진은 역사적인 사건을 경축하기 위해 찍은 것이다. 피사체들은 포즈를 취하고 있는 것이고, 니콜라스 크리스Nicholas Chriss는 버스 승객이 아니라 『유나이티드 프레스 인터내셔널United Press International』의 기자다. 하지만 그렇다고 해서 사진이 지닌 힘과 의미가 약해지지는 않는다. 이 사진은 성공적인 통합을 보여줄 뿐만 아니라, 계속 자리에 앉아 있음으로써 흑인 인권을 지키기 위해 맞서 싸우는 '인권 운동의 어머니'가 된 로자 파크스를 저항의 상징으로 만들었다.

피델 카스트로의 아바나 입성

Fidel Castro Entering Havana

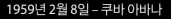

1959년 2월 8일 – 쿠바 아바나

1950년대 말, 미국과 소련 사이의 냉전 때문에 전후의 열기가 사그라졌다. 1959년 초에 피델 카스트로Fidel Castro와 확실한 사회주의자 집단인 그의 7월 26일 운동Movimiento 26 de Julio이 쿠바의 권력을 장악했다.

1959년 1월 8일에 피델 카스트로가 아바나에 도착했을 때, 그와 그가 이끄는 게릴라 부대는 군중들의 열렬한 환영을 받았다. 전 세계의 뉴스 프로그램은 2년 동안 그들의 위업에 대해 다뤘다. 카스트로와 그의 부하들은 그냥 바부도스barbudos, 즉 '수염 난 사람들'이라고 불렸다. 카스트로는 게릴라전이 시작되고 발전한 쿠바 동쪽의 산티아고 출신이다. 그보다 앞서 1월 2일에 체 게바라Che Guevara와 카밀로 시엔푸에고스Camilo Cienfuegos가 먼저 아바나에 입성해 쿠바 수도를 장악하고 있었다.

새해 전날 밤, 독재자 풀헨시오 바티스타Fulgencio Batista가 비행기를 이용해 산토도밍고Santo Domingo로 피신했다. 새벽 무렵, 무장한 학생 무리가 라디오와 텔레비전 방송국, 그리고 각종 기관을 점거했지만 군대는 개입하지 않았다. 요컨대 1월 1일에 마치 개연성 없는 영화 대본 같은 혁명이 시작된 것이다.

사실 쿠바 국민들은 오랫동안 억압과 부패, 미국 경제계 로비스트들과의 공모, 코사 노스트라Cosa Nostra (마피아와 비슷한 범죄 집단—옮긴이) 등을 겪었기 때문에, 바부도스가 반란에 성공하자 빈곤층뿐 아니라 중산층까지 이 반란을 열렬히 지지했다. 나머지는 사진에서 농부와 노동자들에게 둘러싸여 있는 카스트로의 카리스마가 다 떠맡았다.

이 시기에 매그넘 포토스의 뛰어난 보도 사진작가인 버트 글린Burt Glinn이 쿠바 혁명에 대해 다뤘다. 그는 바부도스와의 관계 덕분에 바티스타가 달아난 뒤에도 미국의 뉴스 잡지 통신원 자격으로 아바나에 남을 수 있었다. 그는 질과 역사적 중요성이라는 측면에서 훌륭한 작업을 수행했고, 이런 작품들을 통해 1959년도에 올해의 사진작가로 선정되었다.

1959년 3월 – 중국 티베트 라싸

사진 뒤쪽에는 티베트의 하늘과 산이 두드러져 보인다. 하늘 아래에는 달라이 라마가 라싸Lhasa에 있을 때 공식 거처로 사용하는 포탈라 궁전Potala Palace의 인상적인 흰 계단과 벽이 솟아 있다. 이 궁전은 해발 3,350미터가 넘는 곳의 암반 위에 세워진 극히 복합적인 건물이다. 사진 전경에는 전통 티베트 의상을 입은 남자들이 깃발 뒤에 긴 행렬을 이루어 서 있다. 그들의 짙은 색 옷이 궁전의 석고 벽과 눈 덮인 산과 대조를 이룬다. 그들은 궁전을 영원히 떠나고 있다.

독일의 사진 에이전시인 울스타인 빌트Ullstein Bild에 소속된 저널리스트가 찍은 이 사진은 1959년 3월 10일에 시작된 짧고 피비린내 나는 폭동이 끝난 뒤 티베트 반군이 항복하는 모습을 기록하고 있다. 티베트인들은 중국의 점령에서 벗어나고 싶어 했다. 중국은 1950년부터 서서히 이 나라를 침략해 공산주의와 중국의 언어와 관습을 티베트인들에게 강요하고 티베트 전역의 불교 승려들을 박해했다.

반란은 무자비하게 진압되었다. 티베트 측의 추산에 따르면 희생자 수가 약 8만 명에 달한다. 3월 17일, 티베트 최고의 영적 지도자인 제14대 달라이 라마가 수도를 버리고 인도로 망명해야만 했다. 수천 명의 난민이 그의 뒤를 따랐다.

중국이 티베트를 식민지화함에 따라 티베트인들의 디아스포라는 그 뒤에도 오랫동안 계속되었다. 이 실패한 반란은 티베트 독립의 종말을 의미하며, 여러 면에서 고대 문명의 소멸을 뜻하기도 한다. 1994년에 유네스코 세계문화유산으로 지정된 포탈라 궁전은 현재 관광 명소가 되었고, 달라이 라마와 티베트 중앙 정부(티베트 망명 정부라는 이름으로 잘 알려져 있는)는 여전히 인도에서 망명 생활을 이어가고 있다.

중국 군대에 항복한 티베트 반군

Tibetan Rebels Surrender to Chinese Troops

사진 엘리엇 어윗

부엌 논쟁

The Kitchen Debate

1959년 7월 24일 – 소련 모스크바

1959년 7월 24일, 미국 부통령이던 리처드 닉슨Richard Nixon이 모스크바에서 열린 미국 무역 박람회 개회식에 참석했다. 그리고 의전을 위해 소련 대통령 니키타 흐루쇼프Nikita Khrushchev 도 함께 자리했다.

그때 엘리엇 어윗Elliott Erwitt은 웨스팅하우스 일렉트릭Westinghouse Electric을 대표해 모스크바에 가 있었는데 스플리트니크Splitnik('가르다to split'와 소련이 1957년 10월 4일에 궤도에 올려놓은 최초의 인공위성인 '스푸트니크Sputnik'를 조합한 말) 모델 하우스에 전시된 이 회사의 냉장고는 미국인의 생활 방식의 상징이었다. 사람들은 곧 이 박람회가 공산주의와 자본주의 사이의 거리를 강조하기 위한 구실일 뿐이라는 사실을 깨달았다. 결과적으로 이 박람회에서 가장 기억에 남는 것은 '부엌 논쟁'으로 알려지게 된 사건이다.

어윗은 냉전 시대의 전형적인 역학 관계를 한 장의 사진에 담는 데 성공했다. 흐루쇼프의 가슴에 놓인 닉슨의 검지와 미국인의 의아해하는 시선이 상대방의 온화한 표정과 균형을 이루고 있다. 하지만 이게 정말 정치적인 충돌이었을까?

"아, 이미지가 전하는 왜곡이란!"

어윗은 이렇게 지적했다. 사람들의 얼굴에 나타난 표정이 보는 이를 효과적으로 기만한다. 이 논쟁의 정치적 본질은 닉슨이 제기한 스테이크와 양배추 수프라는 서로 완전히 반대되는 식습관에 관한 '철학적' 언쟁 아래에 감춰졌다. 흐루쇼프는 경멸하는 투로 빈정대면서 미국인들은 '입에 음식을 집어넣고 삼키게 해주는' 기계를 발명했느냐고 물었다. 그러고는 무뚝뚝한 태도로 자신의 대화 상대를 떨쳐냈다.

그러나 닉슨은 미국을 다시 승자 자리로 복귀시켰다. 이 이미지를 영리하게 이용해, 자신을 미국의 가치를 옹호하는 인물로 내세운 것이다. 어윗은 몰랐지만, 그가 찍은 스냅 사진은 그 이후 닉슨이 존 F. 케네디John F. Kennedy에게 패한 대통령 선거의 상징이 되었다.

최초의 우주인

The First Man in Space

1961년 4월 12일 – 소련 바이코누르

다진 고기, 블랙베리 잼 그리고 없어서는 안 되는 커피. 이는 우리가 평소 생각하는 우주 비행사의 아침 식사와는 거리가 멀다. 1961년 4월 12일 새벽. 당시 소련의 일부였던 카자흐스탄의 바이코누르Baikonur 코스모돔 우주 기지는 아직 어둠에 휩싸여 있었다.

이 사진은 그로부터 몇 시간 뒤에 보스토크 1호Vostok 1 내부에서 찍은 것이다. 보스토크 1호는 우주 비행사가 앉는 조종실까지 다 포함해도 높이가 4미터 정도밖에 안 되는 금속 상자로, 전체적인 크기가 경차와 비슷한 수준이다. 이 우주 비행사는 유리 가가린Yuri Gagarin이다. 그는 그날 아침 10시 55분에 대기권 끝까지 갔다가 살아서 다시 지구로 귀환한 최초의 인간이 되었다. 그는 기지 숙소를 떠나기 전에 샴페인을 한 잔 마시고, 전날 밤에 묵었던 방문에 서명을 하고, 발사대까지 자기를 태워 갈 버스 뒤에서 소변을 보는 등 마음을 진정시키기 위한 다양한 행동을 했다. 그리고 그의 뒤를 이어 우주로 나간 모든 러시아 우주 비행사들은 예외 없이 다들 똑같은 절차를 반복했다. 하지만 7년 뒤에 가가린이 사망한 날에는 이 절차 가운데 뭔가를 빼먹었던 것이 틀림없다. 그는 러시아의 광활한 영토 어딘가에서 전투기와 충돌하고 말았다.

헬멧에 반쯤 가려진 그의 얼굴에서는 걱정, 집중력, 진지함, 사려 깊음, 세심함 등 다양하게 해석 가능한 표정을 볼 수 있다. 당시 가가린은 스물일곱 살이었고 아무것도 감추지 않는 그의 표정에는 본능적으로 호감이 가는 뭔가가 있다. 그는 그 순간까지도 미소를 멈추지 않았다. 하지만 이제 시간이 되었다. 곧 우주선의 외부 해치를 닫고 로켓의 스위치를 켤 것이다. 그리고 마침내 9시 7분이 되자 가가린은 무선 통신기에 대고 "출발합니다!"라고 속삭였다. 그리고 다시 웃기 시작했다. 그 후에는 아무리 고민해봤자, 어떤 운명이 기다리고 있어도 그 운명과 분리될 수 없기 때문이다.

베를린 장벽

The Berlin Wall

1961년 9월 – 독일 연방 공화국 베를린

베를린 장벽 앞에 모여 선 한 가족이 가시철조망 위로 두 아이를 들어 올려 반대쪽에 있는 조부모에게 아이들을 보여주고 있다. 불과 며칠 전인 1961년 8월 13일에 독일 사람들은 GDR 군대가 베를린을 둘로 가르는 벽을 만들기 시작했다는 것을 알고 대경실색했다. 우리는 벽의 서쪽에 있지만 그건 중요하지 않다. 반대편에서도 이와 똑같은 상황이 벌어지고 있을 것이라고 상상할 수 있다. 이 사진처럼 벽은 수천의 가족을 갈라놓았고, 국제적인 이해관계 때문에 위협받는 가족 간의 유대감을 이런 작은 몸짓으로 지키는 것에 만족해야 하는 상황이 되었다.

동독이 '반파시스트 보호 장벽'이라고 정의한 이 벽은 사실 동독에 사는 독일인들이 서독 지역으로 대거 탈출하는 것을 막기 위한 것이었다. 이 벽은 150킬로미터 이상의 콘크리트로 이루어져 있고, 이듬해에는 일부 구간에 첫 번째 벽과 평행하게 놓인 두 번째 벽을 세워서 보안을 더 강화했다. 두 벽 사이에는 '죽음의 구간'이라는 곳이 있다. 폭이 9미터 정도 되는 통로에 아무도 발을 들일 수 없도록 전기 울타리를 쳐놓은 것이다. 그리고 지뢰가 여기저기 흩어져 있고 이곳을 감시하는 경비병에게는 눈에 띄는 건 뭐든 쏠 수 있는 권한이 있었다. 하지만 이런 험난한 장애물을 설치했음에도 불구하고, 땅굴을 파거나 열기구를 이용하는 등 매우 창의적인 방법을 고안해 목숨을 걸고 국경을 넘는 이들이 많았다. 이런 탈출 시도 가운데 5,000건 정도가 성공했지만, 시도하다가 목숨을 잃은 사람도 수백 명이나 된다. 탈출을 시도한 사람 중 가장 나이가 어린 사람은 겨우 열여덟 살이었다.

1961년에 찍은 이 사진의 원본은 로널드 레이건 대통령 도서관에 전시되어 있다. 레이건은 소련 지도자인 미하일 고르바초프Mikhail Gorbachev와 함께 동독과 서독의 긴장 완화를 도왔고, 결국 이런 노력을 통해 1989년에 베를린 장벽이 무너지고 냉전도 종식되었다.

틱꽝득의 희생

The Sacrifice of Thich Quang Duc

1963년 6월 11일 – 남베트남 사이공

"눈을 감고 부처님의 환영을 향해 나아가기 전에, 응오딘지엠Ngo Dinh Diem 대통령이 국민들에게 자비를 베풀고 조국의 힘을 영원히 유지하기 위해 종교적 평등을 구현해줄 것을 간청합니다."

1963년 6월 11일, 불교 승려인 틱꽝득은 정부에 대한 항의의 표시로 온몸에 휘발유를 끼얹고 불을 붙이기 전에 이런 정치적 유언을 남겼다. 불교는 자살을 엄격히 금지하는 종교지만 그의 자기희생은 죄로 간주되지 않았고 사후에 시신을 다시 화장했다. 잿더미 속에 온전한 형태로 남아 있던 그의 심장은 그가 한 행동의 순수성을 확인해주는 것으로 해석되었다.

1955년부터 권력을 잡은 응오딘지엠 정권은 대부분 불교도인 베트남 사람들에게 천주교식 관행을 따르라고 강요했다. 불교 성지가 파괴되고 많은 사람이 목숨을 잃었다. 하지만 응오딘지엠의 가톨릭 독재 정권은 공산주의 제국의 중심부에서 유일하게 예외적인 존재였기 때문에, 서방 세계는 일부러 이런 상황을 모르는 척했다.

그날 시위대 행렬이 캄보디아 대사관 근처에서 멈춰 섰을 때, 미국 AP 통신의 사이공 특파원인 말콤 브라운Malcom Browne은 이날 역사에 기록될 만한 어떤 일이 생길 것이라고 짐작했다. 틱꽝득은 도로 한복판에서 연화좌를 취하고 명상을 하다가 자기 몸에 불을 붙였다. 브라운의 카메라에 찍힌 사진은 역사상 가장 강력하고 충격적인 항의 시위 중 하나를 기록했다.

이 사진은 전 세계 여론을 뒤흔들었다. 근시안적인 정치적 이유 때문에 이 나라에 드리워져 있던 침묵의 베일이 벗겨졌다. 며칠 뒤, 존 F. 케네디는 응오딘지엠에 대한 미국의 지원을 철회했고 독재자는 1963년 11월 2일에 타도되어 살해당했다. 같은 해에 이 사진 가운데 한 장이 세계 보도 사진전 올해의 사진상을 받았고 이듬해에 브라운은 퓰리처상도 받았다. 공산주의 국가의 공식 언론이 이 시위를 미국 제국주의에 대한 지속적인 투쟁 행위 중 하나로 이용한 것은 그리 놀라운 일이 아니다. 어떤 면에서 보면 엄연한 사실이니 말이다.

사진 말콤 브라운

내게는 꿈이 있습니다

I Have a Dream

1963년 8월 28일 – 미국 워싱턴 D. C.

몇 시간 전만 해도, 앨라배마주 출신의 개신교 목사인 마틴 루터 킹Martin Luther King 목사는 자신이 무슨 말을 할지 정확히 알지 못했다. 워싱턴에서 열리는 시위행진은 시민권 운동과 관련된 가장 대규모 시위가 될 것이 분명했다. 1963년 8월 28일에 25만 명의 군중이 링컨 기념관 앞에 모였고, 존 F. 케네디 대통령도 텔레비전을 통해 이 행사를 지켜보고 있었다. 이 새로운 움직임은 미국 백인들에게 엄청난 인상을 안겨주었다. 인종차별법에 반대하는 사람들 가운데 아프리카계 미국인은 5분의 1에 불과했다. 킹 목사는 이 군중들 앞에 서서 어젯밤에 짧은 시간 안에 쓴 연설문을 읽기 시작했다. 그가 한 첫마디는 "저는 오늘 이 나라 역사에서 자유를 위한 행진으로 길이 남게 될 이 자리에 여러분과 함께하게 되어 매우 기쁩니다"였다. 이 말은 곧바로 청중과 연설자 자신의 마음에 와닿았고, 킹 목사는 연설문을 적어놓은 쪽지를 내려놓았다. 그 결과 수사학 역사상 가장 감동적이고 가장 많이 인용되었을 연설이 탄생했다. 이 연설의 힘은 너무나 강력해서 1964년 7월에 인종차별 정책의 종식을 뜻하는 공민권법 승인의 길을 열었고, 킹 목사는 노벨 평화상을 받았다.

이 연설의 제목인 '내게는 꿈이 있습니다 I Have a Dream'는 성서에 입각한 강조와 억양을 이용해 연설문에서 아홉 번이나 반복하는 구절에서 따온 것인데, 결론은 다음과 같다.

"언젠가 나의 네 아이들이 피부색이 아닌 인격적 소양을 통해 평가받는 나라에서 살고 싶다는 꿈이 있습니다."

하지만 시위의 성공과 새로 제정된 연방법에도 불구하고, 킹의 꿈은 오랫동안 그저 꿈으로만 남았다. 몇 달 뒤에 케네디가 암살되고, 남부의 주에서 한동안 인종 간의 증오 분위기가 더 강해졌으며, 킹 본인도 1968년에 암살되었다.

하지만 멀리 워싱턴 기념비를 배경으로 엄청나게 몰려든 군중들 앞에 서 있는 마틴 루터 킹의 모습은 미국 역사에서 빛과 영광의 순간으로 남아 있다. 지금도 이 사진에서 "자유가 울려 퍼지게 하라, 자유가 울려 퍼지게 하라, 자유가 울려 퍼지게 하라……"라는 킹의 예언적인 말이 들리는 듯하다.

존 F. 케네디의 장례식
John F. Kennedy's Funeral

114

1963년 11월 25일 – 미국 버지니아주 알링턴

존 F. 케네디가 죽었다. 그는 1963년 11월 22일에 댈러스에서 암살당했다. 미국 전체가 망연자실했다. 수십만 명의 미국인들이 국가수반 및 세계 여러 나라의 대표들과 함께 25일에 워싱턴에서 열린 장례식에 참석했다. 워싱턴에 직접 갈 수 없는 사람들은 텔레비전을 통해 장례식을 지켜보았다.

알링턴 국립묘지에서 보인 그의 미망인 재클린Jacqueline의 혼란스럽고 슬픔에 감싸인 얼굴은 미국 전체가 느끼는 감정을 그대로 반영한다. 사진작가 엘리엇 어윗은 그 순간을 포착해 영원히 남겼다. 파리에서 태어나 본명이 엘리오 로마노 에브리츠Elio Romano Erwitz인 어윗은 이탈리아에서 자랐는데, 10대 때 무솔리니의 반유대주의 법을 피하기 위해 미국으로 몸을 피했다. 그는 앙리 카르티에 브레송에게 영감을 받았고, 카르티에 브레송처럼 그의 작품도 엄밀한 흑백의 순간을 포착한다.

언제나 우상적인 존재였던 사랑스러운 재클린과 케네디 본인처럼 이 사진도 하나의 아이콘이 되었다. 케네디는 지난 세기의 가장 카리스마 있는 인물 가운데 한 명이었다. 그는 1960년에 마흔셋의 나이로 대통령 자리에 올랐다. 그는 진보적인 이상에 감화된 뛰어난 연설가였지만 권력을 잡은 기간은 겨우 3년밖에 안 됐다. 이 기간에 피그스만Bay of Pigs 침공, 쿠바 미사일 위기, 베트남 전쟁의 첫 징후 등 심각한 국제 위기가 연이어 발생해서 상황이 힘들어졌다. 하지만 그는 전 세계가 좀 더 공평한 미래를 꿈꾸게 하는 데 성공했다. 그의 암살 사건에는 여전히 논란의 여지가 남아 있다. 케네디에게 총을 쏜 리 하비 오스왈드Lee Harvey Oswald가 정말 혼자 행동한 건지, 아니면 다른 배후가 있는지 여부는 불분명하다.

장례식에서 재클린 옆에 서 있는 사람은 존의 동생 로버트 케네디다. 그는 재클린을 도우면서 안심시키려고 애쓰고 있다. 그는 소년처럼 보이고 실제로도 아직 마흔이 안 됐지만 당시에 벌써 미국의 법무장관직을 맡고 있었다. 로버트는 자기 형의 정치적, 도덕적 유산을 이어받으려고 애썼지만, 결국 그도 5년 뒤에 암살당했다.

사진 엘리엇 어윗

버킹엄 궁전에 간 비틀스

The Beatles at Buckingham Palace

1965년 10월 26일 – 영국 런던

1965년 봄, 다우닝가에서 비틀스에게 보낸 네 장의 봉투가 그들이 매일 팬들에게 받는 수백 통의 편지들과 뒤섞여버렸다. 그래서 5월에 매니저인 브라이언 엡스타인Brian Epstein이 수상과 여왕이 그들에게 대영제국훈장MBE을 수여하기로 했다는 소식을 전하자 멤버 네 명 모두 깜짝 놀랐다. 대부분 사회를 위해 봉사한 이들에게 수여하는 것인데 멤버들 모두 이런 훈장이 존재한다는 사실조차 몰랐다. 그들은 놀랍고 즐거운 기분으로 이 소식을 받아들였다. 영국인들은 이에 대해 두 가지 대조적인 반응을 보였다. 대부분은 호의적이지만 심하게 분개하는 일부 수상자들은 훈장을 반납할 정도였다. 이에 존 레논John Lennon은 이렇게 말했다.

"우리가 MBE를 받는다고 불평하는 이들은 대부분 다른 사람을 죽인 대가로 훈장을 받은 이들이다. 우리는 사람들을 즐겁게 해주고 훈장을 받았으니 우리 쪽이 더 자격이 있다고 말하고 싶다."

훈장 수여식은 10월 26일에 버킹엄 궁전에서 열렸다. 궁정 예절에 대한 세세한 지시를 받고 극도로 긴장해 있는 비틀스 멤버들 각자에게 여왕이 직접 훈장을 수여했다. 그들은 다른 189명의 후보와 함께 자기 차례를 참을성 있게 기다리다가 서명을 했다. 이때 궁전 밖에는 흥분한 비틀스 팬 4,000명이 모여 있었다.

사진작가는 열정과 긴장이 가득한 순간을 이 사진에 담았다. 잔뜩 흥분해서 비명을 질러대는 십 대 팬들은, 우스꽝스러울 만큼 심란한 얼굴을 한 경찰들이 팔짱을 끼고 만든 허술한 장벽을 무너뜨리려고 한다. 비틀스 멤버 네 명을 태운 존 레논의 롤스로이스를 안으로 들여보내려고 궁전 문이 막 열린 참이다. 잠시 뒤 문은 다시 닫힐 것이다. 뒤에 남겨진 팬들은 철책에 몸을 밀착시키고 철창을 움켜쥔다. 한 소녀는 문 위로 기어 올라가다가 날카로운 쇠창살에 다칠 위험에 처하게 될 것이다. 그러면 그녀를 끌어내리려고 이번에는 경찰이 문을 기어 올라가야 한다.

1966년 10월 – 남베트남

1966년 10월, 베트남. 영국의 사진작가 래리 버로우스Larry Burrows가 찍은 이 완벽한 사진은 지옥의 한 장면을 순수한 감정과 인간애로 가득한 엄숙한 그림으로 탈바꿈시켰다. 폭격을 받아 엉망이 된 이곳은 인간의 생명이 파괴되고 시신이 물과 흙에 뒤섞여 있는, 소위 '비무장 지대'인 남쪽 언덕이다. 넋 나간 표정을 한 젊은 미국 병사들, 납빛 하늘 아래에서 고통받는 청년들 주위를 잎사귀가 다 떨어진 나무가 에워싸고 있다.

이 사진의 제목은 「손을 내밀다Reaching Out」이다. 내뻗은 팔은 전우와 도움, 과거를 향한 것이지만 한편으로는 친구를 돕기 위한 것이기도 하다. 얼굴에 부상을 입은 채 손을 뻗고 있는 군인은 제레미야 퍼디Jeremiah Purdie 병장이다. 그는 본능적으로 연대의 제스처를 취하면서 자기보다 훨씬 심한 부상을 입은 동료 병사에게 가까이 다가가고 싶어 한다.

『라이프』는 이 사진을 찍고도 바로 잡지에 게재하지 않았다. 아마 그때는 보도용으로 거의 사용하지 않았던 컬러 사진 위에 참혹한 모습이 너무 현실적으로 표현되었기 때문일 것이다. 그의 작품은 미국 정부가 다양한 방법으로 부인하거나 부분적이고 모호한 정보로 치부하면서 가볍게 다루려고 했던 비극적인 드라마를 세상 사람들 앞에 훤히 드러냈다. 버로우스는 잔인함과 폭력에 관한 이야기를 하기로 했다. 그는 우리가 직접 전투에 참여한 듯 피 냄새를 맡을 수 있게 한다. 하지만 전쟁의 혼돈 속에서도 그가 찍은 최고의 사진들은 내면의 규율을 유지하고 있다. 이 장면은 충분한 검토 끝에 한 장의 사진으로 남았다. 고통과 죽음에 대한 지극한 경의가 여기 담겨 있는데, 때로는 예술을 통해서만 이런 고통과 죽음을 구원할 수 있다.

버로우스 본인도 1971년에 사고를 당해 전쟁 중에 목숨을 잃었다. 그는 사망하기 직전에 "전쟁은 곧 나의 이야기였고 나는 그걸 통해 세상을 봤다. 내 꿈은 평화로운 베트남 사진을 찍을 수 있을 때까지 이곳에 머무는 것이다"라고 말했다. 이건 기자가 아닌 한 인간으로서 한 말에 가깝다.

사진 래리 버로우스

손을 내밀다
Reaching Out

6일 전쟁

Six Day War

1967년 6월 5일 ~ 6월 10일 – 이스라엘 예루살렘

1967년 6월 5일부터 6월 10일까지 진행된 짧지만 잔혹한 분쟁 때문에 중동 국경 지대에 대격변이 일어났고, 이 과정에서 이스라엘 영토 면적이 네 배나 증가했다. '6일 전쟁'이 발발한 이유는 매우 다양한데, 이 사진은 그 전쟁에서 가장 중요한 이미지 중 하나다. 역사가들은 아랍 국가들이 요르단강의 물줄기가 흐르는 방향을 바꿔서 이스라엘의 물 공급을 막겠다거나 이집트가 티란 해협Straits of Tiran을 봉쇄해서 이스라엘 남부를 고립시키겠다고 위협한 것이 가장 큰 원인이었다고 기억한다. 하지만 이 분쟁의 배후에는 냉전과 소련 대 미국의 대립이 존재한다. 소련은 시리아와 나세르Nasser 대통령이 이끄는 이집트를 지원하고, 미국은 이스라엘의 국제적인 보증인이었다.

전쟁 결과 이스라엘이 승리를 거뒀다. 이스라엘군은 신속하고 효과적인 공습으로 적군의 공군 부대를 파괴한 뒤, 웨스트 뱅크West Bank, 가자 지구Gaza Strip, 골란 고원Golan Heights 그리고 시나이 반도Sinai Peninsula와 수에즈 운하까지 차지했다. 하지만 무엇보다 중요한 수확은 예루살렘 서부를 점령했다는 것이다. 6월 7일에는 성전산Temple Mount과 통곡의 벽Wailing Wall을 손에 넣었는데, 이는 다른 어떤 것보다 상징적·종교적으로 더 가치 있는 정복이었다.

이 사진을 찍은 육군 소속 사진사(그가 사자문Lions' Gate을 통해 구시가지로 입성하는 모셰 다얀 Moshe Dayan 장군의 사진도 찍었다)는 6일 전쟁의 두 가지 중요한 상징을 증언한다. 하나는 예루살렘 점령이다. 사진 뒤쪽 가운데에 위치한 이 사진의 주인공은 이슬람의 가장 성스러운 장소 중 하나인 '바위의 돔Dome of the Rock'인데 곧 이스라엘인들의 수중에 들어올 것이다. 그리고 이 사진에서는 이스라엘군의 비밀 병기였던 기술력과 첩보의 증거도 볼 수 있다. 사실 이 군인들은 소총으로 무장한 게 아니라 통신 장비로 무장하고 있다. 사진을 가로지르는 전화선마저도 상징적이다. 이것이 전체적인 작품의 구도에 놀라운 기하학적 균형을 더한다.

사진 마크 리부

꽃을 든 소녀
Girl Holding a Flower

1967년 10월 21일 – 미국 워싱턴 D. C.

1967년의 미국은 몇 년간 베트남 전쟁의 공포에 사로잡혀 있었다. 갈수록 점점 더 많은 젊은이가 베트남 전쟁을 반대하게 되었다. 10월 21일 금요일, 워싱턴 D. C.의 링컨 기념관 근처에서 대규모 시위가 열렸다. 노예제를 종식시킨 대통령의 발치에 모여든 군중들은 국방부를 향해 행진했다. 국방부 앞에는 반전주의자들의 공세를 물리치기 위해 2,000명의 무장 군인들이 시위대를 기다리고 있었다. 군중 속에 있던 머리카락이 헝클어진 열일곱 살의 잰 로즈 카스미르Jan Rose Kasmir가 프랑스 사진작가 마크 리부Marc Riboud의 시선을 사로잡았다. 밝은 색의 꽃무늬 옷을 입은 여유 있는 표정의 소녀가 군인들을 마주하고 그들에게 국화 한 송이를 건네고 있다. 이 사진은 미국의 문제를 한 컷으로 요약한다. 왼쪽에는 융통성 없는 총검과 군복, 헬멧이 흐릿하게 일렬로 늘어서 있다. 얼굴 없는 졸개들이 오른쪽에 있는 젊은 여성의 형태를 취한 적에게 맞설 준비를 하고 있다. 카스미르의 한데 모은 양손은 기도하는 자세를 연상시키면서 도덕적인 의무에 대응하는 듯한 그녀의 강한 시선과 대조를 이룬다. 그녀는 경멸을 드러내는 게 아니라 의식적인 결단을 표한다. 가운데에는 지나가는 게 불가능해 보이는 몇 센티미터의 공간이 있다. 초점이 맞지 않는 배경 때문에 양측 사이의 거리가 더욱 강조되는데, 그 흐릿한 배경에는 베트남에서 병사들이 총을 쏘며 죽어가는 동안 정치가들이 보인 불확실하고 거짓된 태도가 떠다니고 있는 듯하다. 젊은 여인의 손목시계가 몇 시를 가리키고 있는지 보이지 않기 때문에 사진 속의 시간이 정지된 듯한 느낌이 생겨, 그녀가 하는 조건 없는 행동의 가치가 더욱 깊어진다. 그날, 거의 700명의 시위대가 체포되고 많은 사람이 기소되었지만 리부가 찍은 사진은 이런 억압 속에서도 결코 꺾이지 않았다. 이 사진은 1975년 4월 30일까지 계속된 전쟁으로 분열된 미국의 양심을 건드렸다.

베트콩 처형

The Execution of a Vietcong

1968년 2월 1일 – 남베트남 사이공

1968년 2월 1일 사이공. 사이공과 남베트남의 다른 도시들에 대한 북베트남군과 베트콩의 구정 대공세가 한창이었다. 이미 많은 전쟁터에서 종군 기자로 일한 AP 통신의 사진기자 에디 애덤스는 NBC 카메라맨과 함께 분쟁 지대에 가게 되었다. 그의 카메라는 베트남 경찰청장인 응우옌 응옥 로안Nguyen Ngoc Loan 장군이 민간인 복장을 한 죄수를 처형하는 순간을 포착했다. 단 한 발의 총탄으로 죄수가 죽음을 맞기 직전, 그의 관자놀이를 꿰뚫는 충격음이 들리는 기분이다. 처형당한 사람은 응우옌 반 렘Nguyen Van Lem이라는 젊은 베트콩으로 민족해방전선의 일원이다. 베트남 전쟁 사상 가장 극적인 사진 가운데 하나인 이 사진은 전쟁 지속에 반대하는 미국인들의 여론을 조성하는 데 중요한 역할을 했다.

애덤스는 이 사진으로 1968년에 세계 보도 사진전에서 올해의 사진상을 받았고 그 이듬해에는 퓰리처상도 받았지만, 이것이 부담으로 작용해 그 이후로는 작품 활동이 어려워졌다. 그는 심지어 조명과 구도 때문에 이것은 '나쁜 사진'이라고 스스로 말하기도 했다. 애덤스는 미국이 베트남 사태에 개입하는 걸 지지했지만 자기가 찍은 사진이 미국 대중들에게 미칠 영향까지는 예상하지 못했다. 이 사진은 세계 각국 신문의 1면에 게재되었다. 그 뒤로 애덤스는 이 사진에 대해 이야기하기를 꺼렸고, 심지어 사진이 장군의 이미지에 해를 입힌 것에 대해 장군에게 사과하기까지 했다. 사실 장군은 사이공이 함락됐을 때 미국으로 피신했기 때문에 자기가 한 행동에 대한 재판을 받지 않았다.

애덤스는 이렇게 고백했다

"사진은 진실의 절반만 보여준다. 이 사진이 말해주지 않는 것은, 당신이 만약 그 순간 장군의 입장이었다면 어떻게 행동했을지에 관한 것이다."

하지만 질문을 던지는 것이 바로 사진의 역할인지도 모른다. 잔인하고 가혹한 이 사진은 오늘날에도 모든 전쟁에 불리한 증거로 남아 있다.

1968년 4월 9일 – 미국 조지아주 애틀랜타

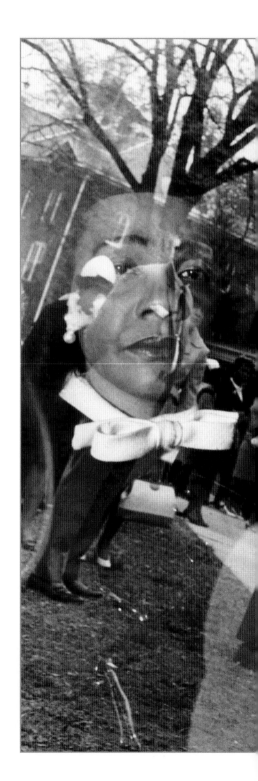

메시나Messina 출신의 젊은 사진작가 산티 비살리Santi Visalli는 1960년대 초에 뉴욕시 국제 연합 건물 앞에서 마틴 루터 킹을 처음 만났다.

"그의 눈이 내 원거리 초점 렌즈를 응시했을 때, 나는 그가 대단한 인물이 되리라는 걸 바로 알아차렸다."

비살리는 이렇게 회상했고 그의 예상은 적중했다. 마틴 루터 킹 목사는 1963년부터 1968년 사이에 미국 역사상 가장 규모가 큰 평화 혁명을 시작하는 데 성공했고, 중요도 면에서 간디나 존 F. 케네디와 어깨를 나란히 하는 20세기의 아이콘이 되었다. 그리고 그는 이 세 명 가운데 마지막으로 암살당했다. 살해당하기 하루 전인 1968년 4월 3일, 킹 목사는 멤피스의 메이슨 템플Mason Temple에서 설교를 했다. 그의 유명한 마지막 설교 '산정에 올라가 보았습니다I've been to the Mountaintop'는 다음과 같은 예언적이고 기억에 남을 만한 말로 끝을 맺는다.

"누구나 그렇듯이 저도 오래 살고 싶습니다. 장수하는 건 중요한 일입니다. 하지만 이제는 그런 문제를 걱정하지 않습니다. 그저 하나님의 뜻을 행하고 싶을 뿐입니다. 그리고 하나님은 내가 산에 올라갈 수 있게 허락하셨습니다. 그곳에서 아래를 내려다보다가 약속의 땅을 발견했습니다. 저는 여러분과 함께 그곳에 갈 수 없을지도 모릅니다. 하지만 오늘 밤 여러분에게 말씀드리고 싶은 건, 언젠가 우리 인류 모두가 그 약속의 땅에 가게 될 것이라는 사실입니다."

다음 날, 마틴 루터 킹은 자기가 머물던 모텔 테라스에 서 있다가 암살당했다.

4월 9일에 그의 장례식이 거행되었고, 지금은 미국에서 가장 성공한 사진기자 중 한 명이 된 산티 비살리가 그 모습을 기록하러 현장에 달려갔다. 그가 찍은 사진에는 주인공이 없지만, 자동차 창문 너머로 포착한 당시 열두 살이던 킹의 딸 욜란다Yolanda의 눈빛이 킹의 운명을 말해주고 있다. 그녀의 얼굴에서 고통과 위엄, 결단력을 읽을 수 있다(욜란다 본인도 훗날 훌륭한 시민권 운동가로 성장한다). 소녀의 뒤에는 킹의 아내인 코레타Coretta가 무표정한 얼굴로 앉아 있다. 차창에는 킹 목사의 추종자들, 집, 헐벗은 나무 그리고 아직 끝나지 않은 폭력의 계절을 상징하는 겨울처럼 차가운 잿빛 하늘이 비친다.

마틴 루터 킹의 장례식

The Funeral of Martin Luther King

사진 산티 비살리

프랑스 5월 혁명

French May

1968년 5월 6일 – 프랑스 파리

미국 히피 시위와 베트남 전쟁 반대 문화에 고무된 많은 유럽인에게 있어 1968년은 사회적, 세대의 전환점을 나타내는 항거의 해였다. 유럽의 여러 도시에 등장한 시위대는 무모하고 폭력적인 행동을 통해 그동안 정치, 제도, 교육, 종교가 문화에 강요해 온 경직된 현상을 전복시켰다. 1968년은 본격적인 항거의 해가 되었다. 시위대는 평등의 가치를 추구하고 모든 형태의 권력에 맞서 싸웠으며 평화에 대한 열망을 공유했다. 이를 통해 급진적인 변화가 생기지는 않았지만, 다양한 사회적 배경을 지닌 전 세계 수백만 명의 시위자들은 집단적인 인식을 변화시키고 보다 공정한 정치적, 사회적 시스템을 향해 나아가도록 사회를 움직였다.

브루노 바비 Bruno Barbey 라는 젊은 사진작가는 이 시기의 정점을 찍은 '프랑스 5월 혁명' 당시에 파리에서 벌어진 사건을 기록했다. 이 사진은 5월 6일에 찍은 것으로, 막대기와 돌을 들고 "Il est interdit d'interdire(금지하는 것은 금지되어 있다)"라고 외치면서 경찰과 대치하는 학생들의 모습을 보여준다. 움직이는 모습이 그대로 포착된 역동적인 신체는 젊은 시위자들을 고무시키는 에너지와 인습타파의 힘을 되살려내는 듯하다. 사진작가는 군중들과 뒤섞인 심층적인 관점에서 시위대의 행동을 보여준다. 자기도 시위대 중 한 명인 것처럼 피사체 속에 섞여 있는 것이다. 학생 시위는 단시간에 최초의 노동자 총파업으로 발전해 결국 프랑스 전체가 마비되는 상황에 이르렀다. 많은 지식인들이 청년 운동에 대한 지지를 공개적으로 표명했다. 이 사건에 가장 주목한 관찰자는 철학자 장 폴 사르트르 Jean-Paul Sartre 였는데, 그는 당시 소르본 Sorbonne 대학을 점거한 학생들에게 유명한 연설을 하기도 했다. 시위는 격렬하고 짧고 단편적이었다. 고전하던 샤를 드 골 Charles de Gaulle 정부는 가까스로 이 사회적 폭발을 가라앉힐 수 있었다.

프라하 침공

The Invasion of Prague

사진 요세프 쿠델카

1968년 8월 21일 – 체코슬로바키아 프라하

요세프 쿠델카Josef Koudelka라는 젊은 체코인은 당시 극장에서 스틸 사진사로 일하고 있었다. 그는 바르샤바 조약기구의 탱크가 체코슬로바키아를 침공해 '프라하의 봄 Prague Spring'으로 알려진 개혁과 낙관주의의 시기를 종식시킨 1968년 8월 20일 밤까지만 해도 저널리즘과 전혀 무관한 삶을 살았다. 쿠델카는 이 격동의 시기에 자기가 목격한 사건들을 극적인 사진 속에 담았다. 이 사진은 해외로 밀반출되어 사진 전문 에이전시인 매그넘 포토스의 수중에 들어갔고, 이들은 1년 뒤에 이 사진을 배포하기 시작했다. 매그넘은 쿠델카와 그의 가족에 대한 보복을 막고자 사진을 찍은 사람이 '프라하의 사진작가'라고만 밝혔다.

보기 드문 강렬함과 기록물로서의 질이 뛰어난 이 사진은 영국『선데이 타임스 The Sunday Times』에 최초로 공개되어 프라하 침공의 가장 대표적인 이미지 가운데 하나가 되었다. 이듬해에 '프라하의 사진작가'는 이 사진으로 로버트 카파 골드 메달을 받았다.

그사이에 매그넘은 쿠델카를 영국 당국에 추천했다. 그는 취업 허가를 받았고 1970년에 영국으로 이주해 이곳에서 10년 넘게 정치적 망명자로 지냈다. 체코 사진작가가 이 유명한 사진에 자신의 이름을 올릴 수 있게 되기까지 16년이 걸렸다. 2008년에는 순회 전시회가 끝난 뒤 사진들을 모아『침공 68 : 프라하 Invasion 68: Prague』라는 제목의 책을 출판했다.

소련 침공으로부터 40년이 지난 지금, 이 사진은 당시 쿠델카가 찍은 수백 장의 다른 사진들처럼 프라하의 봄을 연상시키고 우리가 그 극적인 결론을 다시 경험하게 해주는 힘을 지니고 있다.

올림픽에서의
흑인 민권 운동 지지

Olympics Black Power Salute

1968년 10월 16일 – 멕시코 멕시코시티

1968년 10월 16일. 멕시코시티 올림픽 200미터 경주 시상대에는 세 명의 선수들뿐만 아니라 전 세계적인 항거의 해였던 1968년도 함께 올라갔다. 시상대 위에는 목화 따는 일꾼의 아들인 스물네 살의 금메달리스트 토미 스미스Tommie Smith와 할렘 구두 수선공의 아들인 스물세 살의 동메달리스트 존 카를로스John Carlos가 서 있다. 둘 다 검은색 장갑을 낀 주먹을 치켜들고 있는데, 이것은 흑인들이 겪는 불평등에 항의하는 '흑인 민권 운동'을 지지한다는 감동적인 제스처였다. 그들의 조용한 외침은 미국 국가가 절정으로 치달을 때 함께 울려 퍼졌다. 다음 날 사람들은 메달 색 대신 선수들의 피부색과 마틴 루터 킹이 암살된 지 몇 달밖에 안 된 미국에서 벌어지고 있는 인권 투쟁에 대해 이야기할 것이다.

유명 사진기자인 존 도미니스John Dominis가 찍어서 전 세계인이 보게 된 이 사진은 평등에 관한 그 어떤 연설보다 더 날카롭게 우리의 무의식을 건드린다. 그것은 이 사진을 올림픽 경기장에서 촬영했다는 보편적인 맥락 때문이기도 하지만, 한편으로는 여기 담긴 세부 사항이 발휘하는 상징적인 효과 때문이기도 하다. 신발을 신지 않은 두 선수의 발에서 느껴지는 빈곤함, 숙인 머리, 스미스의 검은색 스카프, 육체노동자처럼 열어젖힌 카를로스의 운동복 상의, 그리고 상의 밑에 건 목걸이의 구슬 하나하나는 린치로 희생된 사람들을 나타낸다. 이들은 운동복에 인권을 위한 올림픽 프로젝트를 상징하는 표식을 달고 있다. 은메달을 딴 호주 선수 피터 노먼Peter Norman도 이 표식을 달았다. 백인인 그의 정신적인 지지를 통해 이 항의가 보편성을 띨 수 있게 되었다. 하지만 그는 옆에 있는 아프리카계 미국인 동료들과 마찬가지로, 자신의 이 제스처 때문에 엄청난 대가를 치르게 되리라는 사실을 아직 알지 못한다. 그는 자기 나라의 스포츠 연맹에서 평생 배척당한다.

하지만 그는 이런 연대 행위를 절대 후회하지 않는다. 시상대에 올라가기 몇 분 전에, 스미스와 카를로스에게 한 켤레밖에 없는 검은색 장갑을 나눠 끼라고 제안한 것도 후회하지 않을 것이다. 한 사람은 오른쪽 장갑을, 다른 사람은 왼쪽 장갑을 끼고 있다. 이건 무대 연출가가 일부러 꾸며냈다고 해도 될 만큼 멋진 아이디어였다.

달에 간 인간

Man on the Moon

1969년 7월 20일 – 달

겨우 20분 전에 "개인에게는 작은 한걸음에 불과하지만 인류에게는 커다란 도약"이라는 역사적인 발언을 한 닐 암스트롱Neil Armstrong이 지금 조심스럽게 달 표면을 조사하고 있다. 그리고 에드윈 '버즈' 올드린Edwin 'Buzz' Aldrin은 아폴로 11호Apollo 11에서 나와 사다리를 내려가서 태양계에서 가장 낭만적인 대상의 표면에 발을 디딘 두 번째 인간이 되었다.

이날은 1969년 7월 20일이었고, 닐 암스트롱은 이 임무를 위해 딱 한 대 가져온 우주선 외부용 핫셀블라드Hasselblad 카메라를 들고 있었다. 하지만 그는 이 카메라로 올드린이 달에 발을 디디는 모습을 찍지 않았다. 그 작업은 20분 전에 암스트롱의 모습을 인류 역사에 영원히 남긴 달 착륙선에 달린 텔레비전 카메라 중 한 대가 했다. 그러나 달의 먼지 속에 찍힌 올드린의 첫 번째 발자국을 필름에 담은 사람은 암스트롱이었다. 핫셀블라드는 확실히 특별한 카메라다. 역사상 가장 긴 여정과 인간이 가본 곳 가운데 가장 이질적인 장소에서도 사용할 수 있도록 만반의 준비를 갖추었다. 달은 춥고 공기도 없으며 광질光質도 알 수 없기 때문이다. 그리고 올드린이 이런저런 측정을 하고 표본을 모으는 동안 암스트롱은 곧 '달 표면 카메라'라는 이름으로 널리 알려지게 될 500 EL 70mm 핫셀블라드 일렉트릭 카메라HEC를 가지고 사진을 찍었다. 두 우주비행사는 함께 1시간 30분 넘게 고요의 바다Sea of Tranquility를 탐험했다. 금속 다리로 떠받쳐져서 거대한 거미처럼 보이는 달 착륙선은 로켓 추진기를 발진시켜서 다시 이륙하기까지 2시간 30분 동안 달 표면에 고정되어 있었다. 그사이에 아폴로 11호 임무를 맡은 이들 가운데 가장 경험 많은 우주비행사인 마이클 콜린스Michael Collins는 사령선인 컬럼비아Columbia호를 타고 달 궤도를 돌고 있었다.

살면서 흔히 있는 일이지만, 이 7월 20일에도 '첫 번째'는 단 한 명만 존재할 수 있었고 올드린은 제비뽑기에서 졌다. 미지의 땅을 찾아 나선 위대한 항해에서 크리스토퍼 컬럼버스Christopher Columbus의 조타수였던 후안 데 라 코사Juan de la Cosa를 기억하는 사람은 아무도 없는 것처럼, 올드린의 이름도 역사책 속에서 서서히 사라져갈 것이다.

몇몇 사람들이 의심하는 것처럼 이 모든 것이 스탠리 큐브릭Stanley Kubrick이 텔레비전 카메라로 찍은 가짜라 하더라도, 똑같이 즐겼다는 사실을 인정해야 한다.

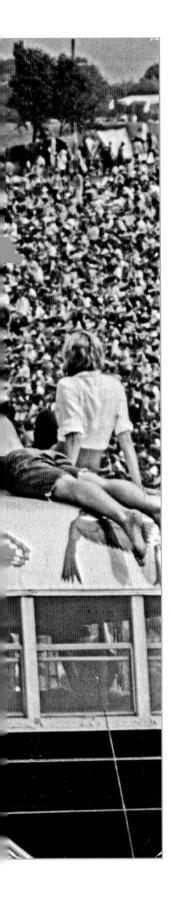

우드스톡 페스티벌
The Woodstock Festival

1969년 8월 15일 ~ 8월 17일 – 미국 뉴욕주 베델

사흘간의 평화와 음악. 이건 1969년 8월 15일에 시작된 우드스톡 페스티벌Woodstock Festival의 개최를 알리는 포스터에서 겸손하게 약속한 내용이다. 이 약속은 실현되었지만, 현실은 가장 낙관적인 기대까지 훌쩍 뛰어넘은 대성공이었다. 페스티벌 기획자인 마이클 랭Michael Lang과 존 로버츠John Roberts, 조엘 로젠만Joel Rosenman, 아티 콘펠드Artie Kornfeld는 뉴욕주 북부의 조용한 작은 마을에서 음악 행사를 개최한다는 아이디어에 홀딱 반했다. 그들이 생각한 건 많아 봐야 5만 명 정도가 모이는 소규모 페스티벌이었는데, 이렇게 예상 인원을 제한했음에도 불구하고 적당한 장소를 찾기가 힘들었다. 결국 그들은 우드스톡에서 89킬로미터쯤 떨어진 작은 마을 베델을 선택했다. 어떤 농부가 그들에게 600에이커의 부지를 빌려줬고, 인근 토지 소유주들과 흥정해서 사용 가능한 면적을 더 늘렸다. 머지않아 행사 규모가 예상보다 훨씬 커질 것이라는 사실이 분명해졌다. 주최 측은 사전에 티켓을 18만 6,000장 정도 판매했다. 하지만 그때부터는 사람들을 무료로 입장시켜야 했다. 참가자들이 차를 버리고 행사장까지 걸어가는 바람에 베델 주변 도로는 거대한 주차장으로 변했다. 거의 50만 명에 달하는 젊은이들이 몰려들어 이 시골 지역을 뒤덮었다. 사람들은 축제 기간 내내 무대 앞과 주변 지역에서 야영을 했다. 장비를 잘 갖추고 온 사람들은 천막을 쳤지만, 대부분은 그냥 침낭만 들고 왔다. 자유연애, 햇살과 빗속에서의 흥겨운 알몸 노출, 다량의 마리화나와 LSD, 이른 새벽까지 이어지는 노래와 춤, 연못에서의 목욕, 부족한 위생 시설을 보완하기 위한 자발적인 협조가 이루어졌지만 폭력 사건은 단 한 건도 발생하지 않았다. 운 없는 사람들은 멀리 산비탈에 주차한 자동차와 밴 지붕에 걸터앉아 축제를 즐겨야 했기에 가수 모습은 보지도 못하고 소리만 들었지만, 그래도 사방에 멋진 음악이 넘쳐흘렀다.

존 바에즈Joan Baez부터 재니스 조플린Janis Joplin, 그레이트풀 데드Grateful Dead, 제퍼슨 에어플레인Jefferson Airplane에 이르기까지 당대 음악계의 거장 32명이 잇달아 무대에 등장했다. 그리고 관객들은 마침내 지미 헨드릭스Jimi Hendrix의 잊을 수 없는 마지막 무대와 미국 국가를 매우 통렬하게 해석한 그 유명한 연주를 들었다. 그의 공연은 베트남 전쟁에 대한 냉소적인 도발이자 록 역사상 가장 위대한 축제의 독특한 상징으로 집단의 상상력 속에 남아 있다.

피의 일요일

Bloody Sunday

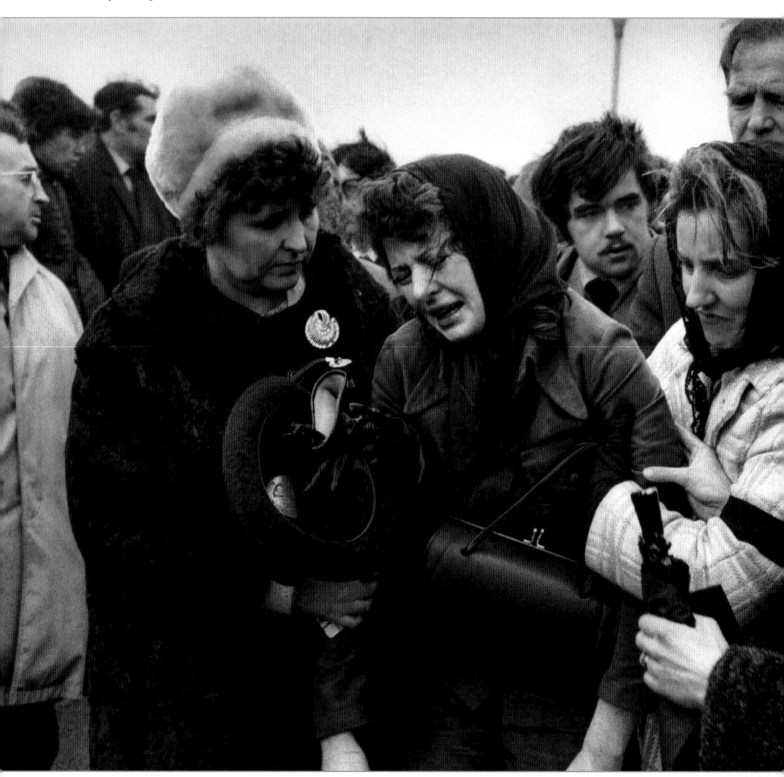

1972년 1월 30일 – 영국 북아일랜드 데리

1972년 1월 30일, 프랑스 사진작가 질 페레스Gilles Peress는 영국 정부의 억압 정책과 그들이 경찰에 부여한 독단적인 권력에 반대하기 위해 북아일랜드 데리Derry 시내에서 거행된 시위행진에 참석했다. 비록 행진 허가는 받지 않았지만 시위는 평화롭게 진행되고 있었고, 1만 명이 넘는 시위 참가자는 대부분 젊은이였다. 그런데 행진이 시작되고 한 시간 정도 지난 뒤, 영국군이 군중을 공격하고 시위자들에게 총격을 가해 총 13명이 사망했다(이때 입은 부상 때문에 4개월 뒤에 사망한 사람도 있다). 영국은 2010년이 되어서야 겨우 그 행동이 전혀 정당하지 않았다는 사실을 인정했다.

비탄에 젖어 괴로워하는 여성을 주위의 다른 사람들이 부축하며 위로하는 이 사진은 2월 2일에 거행된 희생자들의 장례식장에서 찍은 것이다. 흑백 필름이 이 상황의 극적인 분위기와 젊은 희생자의 어머니인 듯 오열하는 여인 주변에 모인 사람들의 연대감을 더욱 강조한다. 당시 페레스는 신문 사진기자로서 경력을 막 쌓기 시작한 참이었다. 매그넘 포토스에 고용된 그는 나중에 보스니아와 이란, 르완다 지역에서 발발한 전쟁을 기록하기도 한다. 하지만 이 '피의 일요일'은 그가 난생처음으로 무고한 사람들의 죽음을 직면한 날이었다. 그는 훗날 회고하기를, 이 사진을 찍으면서 눈물을 흘렸다고 했다. 그 이후 페레스는 사진 보도를 통해 인권에 대한 헌신을 표명하고 역사에 대한 증거가 될 만한 '아름답지 않은 사진들'을 촬영함으로써 그런 사건들이 잊히지 않도록 노력했다. 데리에서의 학살 사건 이후, 영국은 벨파스트Belfast 정부를 해산시키고 북아일랜드 내정에 직접 개입했다. 그 결과, IRA(아일랜드의 독립과 재통합을 지지하는 불법적인 가톨릭 군대)에 가입하는 사람이 늘어나고 분쟁이 더욱 과격한 양상으로 치달아 20년 넘게 지속되었다.

사진 질 페레스

전쟁의 공포

The Terror of War

사진 후잉 콩 닉 우트

140

1972년 6월 8일 – 남베트남 트랑방

황량한 풍경 속, 저 뒤쪽에서 피어오르는 짙은 연기를 피해 빠져나온 아이들이 공포에 질려 울면서 달아나고 있다. 가장 먼저 눈에 띄는 것은 사진 가운데 부분에 있는 벌거벗은 어린 소녀다. 그리고 앞에 있는 소년 쪽으로 시선이 갔다가 다시 그들을 뒤따르는 세 아이와 그 뒤에 있는 군인들, 마지막으로 배경에 눈이 간다. 베트남 AP 통신 소속의 매우 젊은 사진작가인 후잉 콩 '닉' 우트Huynh Cong 'Nick' Ut 는 1972년 6월 8일에 이 사진을 찍었다. 이 사진은 사이공에서 40킬로미터쯤 떨어진 곳에 있는 트랑방Trang Bang 마을에 남베트남 공군이 네이팜 폭격을 가한 사건을 기록하고 있다. 원래 베트콩 은신처를 파괴하려던 것인데 실수로 남베트남 민간인과 군인들이 피난처로 삼던 사원을 파괴하는 바람에 네 명이 죽고 몇 명이 부상을 당했다. 사진 가운데에 있는 어린 소녀 킴 푹Kim Phuc 은 심한 화상을 입었는데, 이 사진을 찍은 직후에 사진작가 본인과 ITN 저널리스트 크로스토퍼 웨인Christopher Wain 의 도움으로 미군 병원으로 옮겨져서 치료를 받았다. 왼쪽에 있는 그녀의 오빠는 눈을 잃었다. 다른 아이들은 그녀의 남동생과 어린 사촌 동생 두 명이다.

사진작가는 구도를 고민할 시간이 없었다. 그는 연속해서 사진을 몇 장 찍었고 결과물은 암실에 들어간 뒤에야 확인할 수 있었다. 하지만 연속 촬영한 사진들 중에서 골라 전 세계에 공개한 이 사진은 더할 나위 없이 강력한 영향력을 발휘했다. 그러나 유명한 사진들이 종종 그러하듯이, 어떤 사람들은 이 사진이 '조작되었다'면서 그 진위를 의심했다. 그럼에도 불구하고 이 작품은 세계 보도 사진전에서 올해의 사진으로 선정되었고 1973년에는 퓰리처상도 받았다. 이 사진은 이미 베트남 전쟁을 끝내는 쪽으로 움직이고 있던 미국 여론에 지대한 영향을 미쳤다.

언론은 킴 푹의 인생 여정을 추적했다. 그녀는 여러 차례 수술을 받고 쿠바에서 공부하다가 캐나다로 이민을 가서 현재 유네스코 대사로 활동하면서 전쟁 피해자인 미성년자들을 돕는 재단을 운영하고 있다. 그녀는 지금도 AP 통신에서 일하는 닉 우트와 계속 연락을 주고받으며 지낸다.

이란으로 돌아온 호메이니

Khomeini Returns to Iran

1979년 2월 2일 – 이란 테헤란

1979년 2월 1일, 위대한 아야톨라 루홀라 호메이니Ayatollah Ruhollah Khomeini가 지금 막 테헤란 공항에 착륙한 에어프랑스 항공기 계단을 내려왔다. 국왕은 두어 주 전에 이슬람 혁명의 압박을 피해 달아난 상태이므로, 77세의 시아파 지도자가 이 나라를 다스리기 위해 돌아온 것이다. 그는 신학 연구, 군사 활동, 레자 샤 팔라비Reza Shahs Pahlavi(아버지와 아들)에 대한 반역 음모 그리고 결국 터키와 이라크, 프랑스에서 보낸 16년간의 망명 생활 등 모험으로 가득한 삶을 살았다. 그의 앞에는 죽기 전에 남은 10년 동안 이란을 세계에서 가장 위대한 신정 국가로 변모시키는 과업이 놓여 있다.

그때 이란의 수도에는 혁명 상황을 기록하기 위해 감마Gamma 에이전시(그 이듬해에 매그넘 포토스로 이름이 바뀐)가 파견한 재능 있는 사진작가가 머물고 있었다. 아바스 아타Abbas Attar는 이란 사람이지만 파리에 살면서 베트남, 얼스터(옛 아일랜드 지방—옮긴이), 중동 등 세계 곳곳의 분쟁 지역에서 일했다. 그는 이 일에 적임자였다. 이란 출신인 그는 혁명이 발발한 이유를 확실하게 알고 있다. 하지만 저널리스트로서 그는 자신의 조국 그리고 무엇보다 종교에 세속적이고 환멸적인 태도를 보인다.

2월 2일에 찍은 이 사진에서, 호메이니는 의기양양한 모습이다. 그의 오른쪽에 있는 검은색 터번을 두른 이들은 아들인 아흐메드와 손자 후세인이다. 아들은 혁명의 영웅이고, 손자는 장차 반체제 인사가 될 운명이다. 앞쪽에는 그의 지지자들이 뻗은 손이 숲을 이루고 있는데, 이것이 바로 늙은 아야톨라를 떠받치는 역사적 토대인 듯하다. 호메이니는 얻을 수 있는 대중의 지지를 모두 얻어야 한다. 앞으로 수년간 그는 권좌에 앉아 미국인 인질 사태, 희생이 큰 이라크와의 전쟁, 국제 제재, 거대한 악마인 미국과의 장기적인 대립 문제 등에 대처해야 한다.

캄보디아의 킬링필드

The Killing Fields in Cambodia

사진 에릭 파이퍼

1979년 9월 – 캄보디아

1975년부터 1979년까지 캄보디아에서 권력을 잡았던 폴 포트Pol Pot의 크메르루주Khmer Rouge 정권에 의해 목숨을 잃은 사람이 얼마나 되는지는 아무도 모른다. 국제사면위원회에서는 거의 150만 명이 사망한 것으로 추산하고 있는데, 이는 당시 캄보디아 인구의 20퍼센트에 달하는 숫자다. 이들 대부분은 기근과 강제 수용소에서 겪은 극심한 고통 때문에 죽었다. 하지만 미국 중앙정보국 CIA 데이터에 따르면, 5만~10만 명 정도는 집단 처형을 당했다고 한다. 1979년 1월, 베트남이 캄보디아를 침공해 수도인 프놈펜Phnom Penh을 점령하고 그곳에 새로운 정권을 세웠다. 크메르루주는 캄보디아 서쪽 지방으로 퇴각해 10년 이상 그 지역을 통치했다. 서방 세계는 그때가 되어서야 비로소 특파원과 프리랜서 사진작가들의 후속 보도와 끔찍한 사진 그리고 집단 매장지의 발견을 통해 그동안 자행된 대량 학살의 규모가 엄청났다는 사실을 알게 되었다.

이곳에서 가장 큰 성공을 거둔 저널리스트 팀은 『데일리 미러Daily Mirror』특파원이자 인권 운동가인 존 필거John Pilger와 1981년에 캄보디아 난민 사진으로 세계 보도 대상을 받은 에릭 파이퍼Eric Piper의 팀이다. 이 사진은 폴 포트가 패퇴하고 겨우 두 달 뒤인 1979년 9월에 촬영한 르포 사진의 일부다. 정강이뼈, 턱뼈, 부서진 두개골 등 맹금류가 깨끗이 살을 발라 먹은 듯한 백골이 무덤에서 막 발굴되어 무더기로 쌓여 있다. 이 작품에는 설명이 따로 필요 없다. 이 사실적이고 노골적인 사진은, 인간이 지닌 잔인함과 모든 전체주의 정권의 범죄에 대한 무감각을 보여주는 절대적인 상징이 되었다.

존 레논 살해

John Lennon's Murder

1980년 12월 14일 – 미국 뉴욕

존 레논John Lennon과 오노 요코Yoko Ono에게 있어 1980년 12월 8일 월요일은 평범하거나 평소보다 더 즐거운 날이었다. 레논은 시민권과 반전 운동을 지원했다는 이유로 그의 영주권 신청을 거부하려고 한 미국 정부와의 싸움에서 막 승리를 거뒀다. 마침내 그가 뉴욕에서 안정을 찾을 수 있게 된 듯했다. 그는 5년 전부터 대중 앞에 모습을 드러내지 않고 다른 사람들처럼 방해받지 않는 삶을 살려고 노력하고 있었다. 이는 비틀스로 활동하던 시절에는 생각할 수도 없는 일이었다. 하지만 그로부터 몇 달 전에 그는 다시 일에 복귀했다. 또 그 주 월요일에는 라디오 저널리스트와 장시간 이야기를 나눴고, 요코와 함께 스튜디오에 가서 노래를 녹음하기도 했다. 그는 이것이 자신의 마지막 인터뷰, 마지막 노래가 될 것이라는 사실을 알지 못했다. 센트럴 파크 부근에 있는 존과 요코가 사는 다코타Dakota라는 건물 앞에는 늘 많은 팬이 모여 있었는데, 마크 데이비드 채프먼Mark David Chapman이라는 스물다섯 살 된 남자도 그들 틈에 섞여 존 레논을 기다리고 있었다. 채프먼은 레논이 나오는 모습을 보고는 그에게 다가가 앨범에 사인을 받기까지 했다. 하지만 그날 밤 10시 50분, 레논과 요코가 건물 안으로 다시 들어갈 때 채프먼은 레논의 등에 총을 다섯 발 쐈다. 레논이 죽었다는 소식은 전 세계에 청천벽력과도 같은 충격을 안겼다.

12월 14일, 오노 요코의 요청으로 곳곳에서 대규모 추모 시위가 열렸다. 뉴욕에서는 25만 명이 센트럴 파크에 모여 존에게 경의를 표했다. 이 사진은 슬픔과 경악의 감정을 보여준다. 존 레논을 사랑했던 이들은 "왜?"라고 묻고 있다. 하지만 누구도 답을 해줄 수 없다. 레논은 대중에게 알려지는 데 따르는 대가를 치른 뒤 그런 인기가 앗아간 삶을 되찾았지만, 우울증을 앓던 팬은 그에게 배신감을 느끼고 분노해 살인까지 저지르고 말았다. 채프먼은 자살을 갈망했고 무엇보다 스스로에게 크게 실망했다.

우주 왕복선
컬럼비아호 발사
The Space Shuttle Columbia Launch

1981년 4월 12일 – 미국 플로리다주 메릿 아일랜드

20세기에 찍은 많은 상징적인 사진과 비교해보면, 처음으로 지구 주위의 위성 궤도를 완주한 컬럼비아Columbia 우주 왕복선의 사진은 사진 장비의 진화에 큰 영향을 받았음을 알 수 있다. 우선 컬러 필름이 피사체의 힘과 역동성을 전달하는 데 도움이 된다. 그리고 사진작가는 성능이 매우 뛰어난 긴 렌즈를 사용하기 때문에 안전거리를 유지하면서 중요한 순간을 풀 프레임으로 포착할 수 있었다. 불길과 소용돌이치는 연기 기둥, 로켓이 장착된 컬럼비아호의 초현대적인 형태가 우리의 상상력을 자극하고, 결국 하늘도 달이나 우주와 마찬가지로 쉽게 갈 수 있는 곳이라는 생각을 갖게 한다. 우주를 왕복하는 우주선은 우주 비행 임무의 개념에 혁신을 일으켰는데, 적어도 1981년 4월 12일까지는 다들 그렇게 생각했다.

기본적으로 이 우주 왕복선의 이름은 조짐이 좋은 이름이었다. 컬럼비아호는 사실 지구를 일주하는 최초의 미국 우주선이었고, 아폴로 11호 임무에 사용된 사령선의 이름이기도 하다. 어쩌면 크리스토퍼 컬럼버스와 그의 탐험 욕구에 경의를 표하기 위한 것이었을지도 모른다.

이 사진은 미 항공우주국 NASA 소유이며 찍은 사람의 이름은 알려지지 않았다. 사진 찍는 과정은 매우 흥미진진했을 것이다. 이 사진은 정보를 전달하는 역할을 초월해 우주 시대 개막의 상징이 되었다. 하지만 비극적인 결말이 컬럼비아 우주 왕복선을 기다리고 있었다. 2003년 2월 1일, STS-107 임무를 마치고 돌아오던 길에 탑승한 우주 비행사 일곱 명 전원과 함께 공중 분해된 것이다. 하지만 우리의 집단적 상상력 속에서는 지금도 여전히 하늘을 바라볼 때마다 컬럼비아호가 떠오른다.

교황 요한 바오로 2세 암살 시도

The Assassination Attempt on Pope John Paul II

사진 돌프 프라이시그

1981년 5월 13일 – 바티칸 시국

요한 바오로 2세가 두 차례 총격을 당한 뒤 쓰러졌다. 교황은 피가 흐르는 자기 손을 바라본다. 총알 한 발은 교황의 손과 팔꿈치에 상처를 입혔고 다른 한 발은 그의 복부를 관통했다. 주변에 있는 사람들의 얼굴(바로 뒤에 있던 교황의 개인 비서 스타니슬라프 지비시Stanislaw Dziwisz 추기경을 비롯해)은 긴장되고 어두워져 있다. 교황을 향해 방아쇠를 당긴 사람은 터키 출신 테러리스트인 메흐메트 알리 아자Mehmet Ali Agca였다.

1981년 5월 13일의 따뜻한 오후. 사진 배경으로 수요일마다 관례적으로 진행되는 신도 알현이 막 끝난 성 베드로 광장의 주랑이 보인다. 모두의 관심이 교황에게 집중되어 있고, 그는 자동차의 흰색 프레임에 둘러싸여 있다. 마치 교황이 이미 텔레비전 화면에 등장했고, 전 세계인이 그 앞에서 두려움에 떨며 교황의 운명을 기다리고 있는 듯한 느낌이다. 비정상적이고 왜곡된 이 사진에는 사진작가 본인이 극심한 공포를 느낀 순간이 포착되어 있다. 교황과 악수를 나눌 수 있기를 바라며 모여든 군중들은 이제 인기 많은 폴란드 출신 교황을 위해 눈물을 흘리고 있다. 냉전의 한복판에서 경제적·정치적 분열을 극복하자고 용감하게 설교한 이 사람은 추종자들에게 큰 사랑과 존경을 받았다. 교황은 피를 많이 흘린 뒤에 병원에 도착했지만 기적적으로 총알이 중요한 장기에는 영향을 미치지 않았다. 교황은 다섯 시간 넘게 걸린 수술 끝에 위험에서 벗어났다.

아자의 행동이 사적인 시도였는지 아니면 국제적인 테러 계획이었는지는 밝혀지지 않았다. 아자는 종신형을 사는 동안 몇 가지 모순되는 계획들을 털어놓으면서 터키의 극단적 우파 집단인 '그레이 울프Gray Wolve'와의 연계를 무분별하게 인정하고 불가리아 군대 및 첩보 기관과의 연계성도 암시했다. 교황은 1983년에 레비비아Rebibbia 교도소에서 아자를 만나 비공개로 대화를 나누면서 그를 용서한다. 아자는 이 대화를 나누기 전에 자기가 딱 하나 후회하는 것이 있다면 교황을 죽이지 못한 것이라고 공공연하게 이야기한 바 있다. 만약 그가 성공했다면 어떻게 되었을지는 상상만 해볼 수 있을 뿐이다.

스티브 잡스와 매킨토시 128k

Steve Jobs and the Macintosh 128k

1984년 1월 24일 – 미국

자신만만한 시선, 만족스러운 미소, 자부심이 물씬 풍기는 자세. 1984년에 스티브 잡스Steve Jobs 는 자신의 발명품인 매킨토시Macintosh 128k를 선보였다. 이것은 역사상 최초의 맥Mac이다. 한 남자, 그리고 그의 몸과 일직선상에 놓인 기계가 장난스러운 느낌을 풍긴다. 장차 이 남자와 이 기계가 미래 세대의 습관을 바꿔놓을 것이다. 이 사진을 찍은 사람은 정계와 연예계 인물들을 주로 찍는 유명한 사진작가인 폴 버나드 갓프리드Pole Bernard Gotfryd다. 그는 잡스처럼 유망한 젊은이를 자기 렌즈로 찍지 않고는 못 배겼을 것이다.

제품 발표 행사가 열린 1984년 1월 24일, 캘리포니아주 쿠퍼티노Cupertino에 있는 플린트 센터Flint Center 강당은 기대감으로 들썩였다. 리들리 스콧Ridley Scott이 감독한 광고가 슈퍼볼Super Bowl 기간에 딱 한 번 텔레비전 전파를 탔을 뿐이지만, 그것만으로도 참신함에 대한 갈망이 폭발했다. 기술은 인간과 그들의 욕구, 창의성에 더 가까이 접근하고 있었다. 맥 128k는 화면과 컴퓨터가 결합된 매우 견고한 폐쇄형 시스템으로, 당시에도 거의 휴대가 가능한 크기였다. 모서리가 둥그스름한 이 제품의 디자인은 개성을 드러내는 중요한 구성 요소 중 하나였다. 이 제품의 진짜 혁신은 사용법을 단순화한 그래픽 인터페이스였는데, 덕분에 아이들도 마우스에 손을 올리고 직관적으로 컴퓨터를 사용할 수 있게 되었다. 손가락 하나만 있으면 된다. 이와 동일한 원리가 훗날 멀티터치 기술, 아이폰iPhone, 아이패드iPad로 이어지니, 다른 제조업체들도 모두 여기에 적응해야 한다. 애플Apple이 세계에서 가장 규모가 크고 영향력 있는 기업의 반열에 오르기까지는 많은 시간이 걸릴 것이다. 이는 거의 20년 뒤의 일인데 그 사이의 어느 시점에선가 애플의 저돌적인 공동 창업자가 해고되기도 한다. NeXT라는 새 회사를 설립한 그는 1998년에 '다르게 생각하라'는 모토를 내건 회사를 파산 상태에서 구할 것이다. 스티브 잡스는 선견지명이 있기에 자신이 불러올 혁신의 폭발적인 힘을 잘 알고 있었다. 그는 세상을 바꾸려는 열망으로 불타올랐으며, 언제나 만족을 모르고 부족하다고 느꼈다.

제네바 정상회담에서 만난 레이건과 고르바초프

Reagan and Gorbachev at the Geneva Summit

사진 피터 말로우

1985년 11월 19일 – 스위스 제네바

1985년 11월 19일, 오랫동안 기다려온 러시아-미국 정상회담이 중립국인 스위스의 제네바에서 열렸다. 이 회담은 군비 축소 문제를 논의하기 위한 자리였다. 회담의 주역은 몇 달 전에 소련 공산당 총서기CPSU로 선출된 미하일 고르바초프Mikhail Gorbachev와 미국 대통령 로널드 레이건Ronald Reagan이었다. 매그넘 포토스에 소속된 영국 출신 사진작가 피터 말로우Peter Marlow가 찍은 이 사진은 기자 회견장에서의 두 지도자의 모습을 보여준다.

사진 중앙에 있는 고르바초프와 레이건은 각국의 거대한 국기에 비해 상대적으로 작아 보인다. 우리가 이 사진에서 보는 것은 그냥 두 남자가 아니라 두 개의 초강대국, 서로 대립하고 적대하는 두 개의 세계다. 사진작가는 주인공들이 서로를 바라보지 않고 대칭적인 자세로 각자의 등 뒤에 있는 통역자에게 얘기하는 순간을 포착했다. 냉담하고 서로를 불신하는 분위기가 흐르는 듯하다. 사실 이 회담은 과거 미국-소련 관계의 특징이었던 긴장된 분위기와는 사뭇 다른 비교적 개방된 분위기에서 진행되었다. 레이건과 고르바초프가 직접 만난 건 이번이 처음이었다. 그들은 사흘간 진행된 몇 차례의 회담에서 소련 인권 문제와 레이건이 제안한 전략 방위 구상 같은 까다로운 주제들을 다루었고, 덕분에 거의 40년간 이어진 냉전 이후 처음으로 긴장이 완화되는 징후를 보였다. 11월 21일에 레이건과 고르바초프는 전 세계 텔레비전 방송을 통해 핵탄두 감축 합의에 도달했다고 발표할 수 있었다. 미국 대통령이 "내 인생에서 가장 긴 날"이라고 표현한 회담은 많은 기대감 속에서 끝을 맺었고, 차후에 있을 두 지도자 사이의 회담에 좋은 전망이 마련되었다. 다음 정상회담은 이듬해에 레이캬비크Reykjavik에서 열렸고, 결정적인 회담은 1987년에 워싱턴에서 진행되었다. 이 회담들을 통해 냉전이 종식되었다.

체르노빌 원자로 폭발

The Explosion of the Chernobyl Reactor

1986년 4월 26일 – 소련 키예프

폐허가 된 산업용 건물에서 유독성 연기구름이 위협적으로 피어오른다. 1986년 4월 26일에 벌어진 사건은 우크라이나의 체르노빌이라는 지명을 원자력 역사상 가장 비극적인 장소로 낙인찍었다. 개인적인 판단 실수와 발전소의 구조적 결함이 결합해 발생한 사고 때문에 원자로가 폭발을 일으켰다. 소련 당국은 처음에 이 사고를 비밀로 했다. 이런 재난에 대처할 준비가 전혀 되어 있지 않았던 그들은 심지어 근처에 있는 프리피야티Pripyat라는 도시의 주민들을 대피시키지도 않았다. 대피는 사고 발생 후 36시간이 지나서야 시작되었고, 10만 명 정도의 주민들이 강제로 집을 떠나야 했다.

관계자들도 오염 억제와 관련해 똑같이 무관심하고 혼란스러운 행동을 보였는데, 이는 폭발 뒤에 발전소에서 발생한 대규모 화재 때문이었다. 방사성 연기 기둥을 없애는 데 2주일이 걸렸고 이 힘겨운 작업에 참여한 이들(소방관, 군인, 기술자, 자원봉사자 등)은 적절한 보호 장비도 없이 엄청난 양의 방사선에 노출되었다. 그들 대부분이 몇 주 혹은 몇 달 안에 사망했다.

체르노빌 원전 사고는 '치명적인 사고'로 분류된다. 직접적 원인으로 사망한 사람은 65명이지만 그보다 훨씬 많은 수의 사람이 간접적으로 연관되었는데, 그와 관련된 추정 수치는 지금도 여전히 논란이 되고 있다. 이 사고는 종양 발생부터 심각한 기형아 출산까지 다양한 결과를 낳았다. 방사능 오염은 유럽 대륙 거의 전체에 영향을 미쳤다. 실제로 폭발 후 며칠간 불었던 바람 때문에 처음에는 유독성 연기가 북쪽으로 밀려갔다가(벨라루스Belarus 부근까지) 다시 서쪽으로 그리고 마지막에는 남쪽으로 확산되었다. 화재가 진압된 뒤에는 원자로를 주변 환경과 격리하기 위한 콘크리트 격납 용기를 만들었다. 이런 끔찍한 사고에도 불구하고 발전소의 일부 시설은 2000년까지 계속 가동되었다.

베일을 쓰고
사격 연습을 하는 여성들

Veiled Women Practicing Shooting

1986년 – 이란 테헤란

1980년대 중반에 프랑스의 사진작가 겸 저널리스트인 장 고미Jean Gaumy가 1979년의 이슬람 혁명 이후 진행된 근본적인 변화를 기록하기 위해 이란으로 떠났다. 그가 찍은 사진은 충격적인 상황을 증언한다. 1980년부터 계속 이라크와 전쟁 중인 이 나라는 철저한 종교적 원리주의를 받아들였다.

이 흑백 사진은 테헤란 외곽에서 몇 명의 여성들이 사격 연습을 하는 모습을 보여준다. 이들은 모두 차도르chador를 입고 바싹 마른 땅에 긴 그림자를 드리우고 있다. 전부 똑같은 모습을 한 이들은 정연하게 줄을 서서 손에 권총을 들고 보이지 않는 적을 겨눈다. 여성들은 사진작가의 존재를 무시하는 듯하지만, 그래도 정확하게 그의 렌즈 앞으로 집중되는 두 개의 대각선을 이루어 서 있다. 그들이 무슨 생각을 하는지는 알 수 없다. 이 나라를 이끄는 아야톨라ayatollah(이란 이슬람교 시아파의 종교 지도자—옮긴이)의 충실한 추종자들일까, 아니면 그저 이라크에 맞서서 이란을 지키려고 하는 애국자들일까? 어쩌면 1970년대에 이란을 다스리다가 호메이니에 의해 전복된 레자 샤 팔라비의 통치 방식이었던 억압과 처형에 여전히 분노하고 있는 것인지도 모른다.

하지만 팔라비 왕조 치하에서 여성들은 선거권부터 시작해 많은 권리를 얻었다. 그에 반해 호메이니는 이슬람 공화국을 선포하기 전부터 지난 수십 년 동안 진행된 개혁을 뒤집고 코란 Koran과 이슬람법Sharia에 대한 절대적인 복종을 강요하기 시작했다. 곧 여성들은 시민권을 잃었고 개인적인 자유도 대폭 축소되었다. 고등 교육을 받을 수도 없고 가족 내에서 모든 결정을 내리는 남편의 동의 없이는 바깥일을 할 수도 없었다. 이 정권은 베일을 강요하고 이슬람법을 위반할 경우 심각한 체벌을 가했다. 준군사 조직에 입대할 수 있는 권리는 여성들에게 남은 몇 안 되는 권리 중 하나였다.

사진 폴 푸스코

엑손 발데즈 원유 유출 사고
The Exxon Valdez Environmental Disaster

1989년 3월 24일 – 미국 알래스카

알래스카의 태평양 연안을 따라 이어지는 프린스 윌리엄 해협Prince William Sound에는 장관을 이루는 빙하뿐만 아니라 발데즈Valdez라는 도시도 자리 잡고 있다. 발데즈는 1977년부터 세계에서 규모가 가장 큰 송유관의 종점 기지 역할을 했다. 1,300킬로미터 길이의 송유관이 북극해의 프루도 만Prudhoe Bay에서 태평양까지 원유를 운반한다. 이 송유관은 곰, 사슴, 범고래, 고래, 매우 다양한 조류상鳥類相이 서식하는 멋진 야생 지대를 지난다. 1989년 3월 24일, 이 낙원 한복판에서 엑손 발데즈Exxon Valdez호라는 유조선이 좌초하면서 그 찢어진 선체에서 1,100만 갤런의 원유가 쏟아져 나왔다. 이것은 미국 역사상 가장 심각한 기술적 재난이었다. 이 참사로 인해 지역 어업이 전멸하고, 이 지역에 서식하는 많은 동물 종(이미 모피 사냥꾼들에게 위협받고 있던)이 치명적인 타격을 입고, 전 지역의 생태계가 혼란에 빠졌다.

오늘날 이런 비극이 발생했던 흔적이 눈에 잘 띄지 않는 이유는, 상처를 치유하는 시간의 점진적인 작용과 해안을 청소하고 원유 때문에 오도 가도 못하게 된 많은 동물을 구하려고 즉각적으로 행동에 나선 공공 안전 전문가와 수많은 자원봉사자의 헌신 덕분이다.

이 재앙은 기자와 사진작가들을 불러들였고, 엑손 발데즈호 기사가 전 세계 신문 1면에 실렸다. 매그넘 포토스 소속의 사진작가인 폴 푸스코Paul Fusco가 찍은 사진은 환경 재해의 위험에 대해 잘 모르고 무신경했던 일부 여론을 각성시켰다. 푸스코의 작품 같은 사진들 덕에 석유 회사들은 보다 엄격한 안전 조치를 취하겠다고 약속하게 되었다.

강렬한 색 대비가 이 사진에 뚜렷한 특징을 안겨준다. 두 가지 색의 조각이 인간의 존재를 드러내는데, 만약 이런 원색 옷을 입지 않았다면 장례식용 담요처럼 모든 것을 뒤덮은 원유의 시커먼 색 속에서 그들의 모습이 보이지 않았을 것이다. 위쪽에서 찍은 이 사진은 피사체들이 얼마나 좌절감을 느끼고 어찌할 바를 몰라 하는지 잘 보여준다.

탱크맨

Tank Man

사진 스튜어트 프랭클린

1989년 6월 5일 – 중화인민공화국 베이징

1989년은 20세기 후반의 전환점이 되는 해였고, 톈안먼 광장 시위는 그해에 벌어진 주요 사건 중 하나였다. 이 시위는 4월 중순에 중국 공산당 서기 후야오방Hu Yaobang이 사망한 이후 규모가 폭발적으로 늘어났으며, 더 많은 학생과 지식인, 노동자들이 소위 '5차 근대화'를 요구하며 거리로 쏟아져 나왔다. 5차 근대화란 소련의 글라스노스트glasnost와 동유럽 정권들의 붕괴 이후 중국을 민주주의 진영에 개방하는 방식의 개혁을 뜻한다.

시위가 6월 초까지 계속되자, 정부 지도자들은 덩샤오핑Deng Xiaoping의 조언에 따라 군대가 개입해서 수도를 점령하도록 했다. 진압 둘째 날, 베이징 호텔에서 사태의 추이를 지켜보던 서구 언론인 몇 명이 톈안먼 광장으로 이어지는 대로인 창안 거리Chang'an Avenue에서 이상한 장면을 목격했다. 1킬로미터쯤 떨어진 곳에서 흰색 셔츠를 입고 완전히 비무장 상태인 한 청년이 탱크 행렬을 막아서고 있었던 것이다.

이 사건을 담은 유명한 사진이 두 장 있는데, 이것이 전 세계적으로 톈안먼 시위의 상징이 되었다. 제프 위드너Jeff Widener가 찍은 사진은 시계視界가 좁아서 젊은이와 탱크 네 대가 화면 전체를 차지하고 있다. 이 책에 실린 스튜어트 프랭클린Stuart Franklin이 찍은 두 번째 사진은 그보다 시계가 훨씬 넓어서 사진 위쪽에 다른 탱크와 앞서 벌어진 폭력의 증거물인 버스의 잔해가 보인다. 시위와 학생 운동은 곧 진압될 것이고, 이들을 탄압하는 정부가 승리할 것이다. 이 사진에 등장하는 젊은 시위자의 신원이나 중국 정권이 그에게 어떤 운명을 부여했는지는 여전히 알려지지 않고 있다.

베를린 장벽 붕괴
The Fall of the Berlin Wall

1989년 11월 9일 – 독일 베를린

1989년 11월 9일 오후 6시 53분. 기자회견 중에 안사ANSA 특파원인 리카르도 에르만Riccardo Ehrman이 귄터 샤보브스키Gunter Schabowski DDR 공보장관에게 동독에서 서독으로 가는 통행 허가증이 언제 발급되는지 물었다. 장관의 놀라운 대답("지체 없이 지금 바로")을 들은 수천 명의 동베를린 시민이 거리로 쏟아져 나와 장벽 주변에 모여들었다.

국경 수비대는 이런 사태에 대비가 되어 있지 않았다. 그들은 명령을 받지 못했고 군중들의 의도가 무엇인지 몰라 두려웠다. 그래서 검문소를 열기로 했다. 순식간에 사람들이 강물처럼 벽을 통과했고, 서베를린 주민들은 동베를린에서 온 시민들을 기쁘게 환영했다. 밤새 노래와 기쁨의 외침이 '죽음의 구간' 한쪽 끝에서 다른 쪽 끝까지 울려 퍼졌다.

망치와 곡괭이로 무장한 한 무리의 사람들이 벽과 그 벽이 1961년부터 의미한 바를 상대로 분노를 쏟아냈다. 이들은 글자 그대로 '베를린 장벽의 곡괭이질'을 뜻하는 'Mauerspechte'라는 이름으로 기억되고 있다.

『라이프』특파원으로 서베를린에 가 있던 젊은 미국인 사진기자 알렉산드라 아바키안Alexandra Avakian이 찍은 이 사진에서는 한 남자가 강화 콘크리트 벽과 개인적인 사투를 벌이고 있는 듯하다. 시선부터 시작해 그의 몸 전체가 망치를 휘두르는 동작에 참여하고 있다. 벽 반대편에 있는 DDR 병사들은 감히 그에게 무기를 사용할 엄두를 내지 못한다. 그들은 소화전으로 그의 기세를 꺾으려고 벽에 난 구멍 틈으로 물줄기를 쏘았다. 뒤쪽에서는 그의 동료들이 멈추지 말라고 격려하고 있다. 사진의 한계를 뛰어넘는 격려의 함성은 갈등과 분열을 극복하기 위해 모든 종류의 벽을 부수라는 권유처럼 울려 퍼진다.

사진 알렉산드라 아바키안

넬슨 만델라 석방
The Liberation of Nelson Mandela

1990년 2월 11일 – 남아프리카공화국 케이프타운

이 사진의 주인공은 27년 동안 감옥 생활을 한 사람처럼 보이지 않는다. 오히려 정반대다. 옅은 하늘색 셔츠 위에 우아한 홑여밈 재킷을 가볍게 걸치고 넥타이를 매고 재킷 윗주머니에 손수건을 꽂은 복장만으로 판단하자면, 성공의 절정에 이른 사업가라고 생각할 수도 있다. 그리고 그의 몸짓이나 군중을 향해 들어 올린 주먹, 미소 짓는 여성의 손을 잡은 모습 등은 지금 막 선거에서 승리한 정치인처럼 보일 수도 있다. 하지만 그는 종신형을 선고받았던 사람이다. 이 사진은 넬슨 만델라Nelson Mandela가 석방된 1990년 2월 11일에 그의 아내 위니Winnie와 지지자들과 함께 찍은 것이다.

인종 격리 정책 반대 운동의 지도자인 만델라는 1962년 8월에 체포되었다. 하지만 그럼에도 그가 아프리카 민족 회의ANC 대표가 되거나, 정치 투쟁을 계속하거나, 남아프리카와 다른 아프리카 지역에서 저항 운동의 상징이 되는 것을 막을 수 있는 사람은 없었다. 만델라는 1988년에 사하로프 상Sakharov Prize을 받고, 1993년에는 그의 석방을 명한 남아프리카의 백인 대통령 프레데리크 데 클레르크Frederik de Klerk와 공동으로 노벨 평화상을 받았다. 이듬해에 만델라가 선거에서 이겨 대통령이 되자 인종 격리 정책 폐지와 민족 화합 정책이 비준되었다. 그는 데 클레르크를 자신의 부통령으로 지명했다.

만델라는 단순히 아프리카의 정치가라기보다 세계적인 아이콘으로 간주할 수 있으며, 이 사진이 전달하는 의미도 바로 그것이다. 이 사진은 AFP 통신 최고의 사진작가 중 한 명인 짐바브웨 출신의 알렉산더 조Alexander Joe가 찍은 것이다. 늦은 오후의 반쯤 기운 햇살 덕에 비공식적인 분위기가 더욱 강조되는 가운데, 알렉산더는 정의와 자유의 승리와 더불어 만델라의 친밀하고 인간적인 측면을 전달한다.

사진 아바스 아타

제1차 아랍인 반란
The First Intifada

1991년 - 이스라엘 제닌

그는 방한모처럼 생긴 스카프로 얼굴을 감싸고 왼쪽 어깨에는 경찰봉을 올려놓고 있다. 그리고 더 무서운 사실은 오른손에 권총을 쥐고 방아쇠에 검지를 대고 있다는 것이다. 그는 팔레스타인인인데, 아마 이스라엘 군대의 공격을 기다리고 있거나 주변에 있는 아이들과 청소년들을 지키고 있는 것인지도 모른다. 매그넘 포토스 소속의 아바스 아타는 1991년에 요르단강 서안 지구 북쪽의 제닌Jenin이라는 도시 인근에서 이 사진을 찍었다. 우리는 아랍인 반란(인티파다)의 한복판에 있다. 팔레스타인 점령 지역에서는 하루도 폭력 사태나 충돌이 벌어지지 않고 넘어가는 날이 없다. 한쪽에서는 이스라엘 군인들이 탱크와 불도저를 준비해 두었고, 다른 한쪽에는 서안 지구와 가자 지구의 젊은이들이 돌과 화염병으로 무장하고 있다. 이들은 상대방을 테러리스트와 압제자로 여긴다.

'제1차 인티파다' 혹은 '돌의 인티파다Intifada of Stones'라고 불리게 될 이 봉기는 1987년 12월에 시작되었다. 가자 지구 자발리야Jabalya에서 이스라엘군의 대형 군용 트럭이 팔레스타인 노동자가 가득 탄 밴 두 대와 충돌해서 네 명이 사망한 우발적인 사건이 시발점이 되었다. 하지만 진짜 원인은 이 지역에 사는 팔레스타인 사람들이 느끼는 좌절감과 버려졌다는 느낌(특히 아랍 국가들에 버려졌다는 생각), 빈곤, 혼잡한 난민 수용소의 상태 등이었다. 6년간 계속된 충돌로 160명의 이스라엘 군인과 민간, 그리고 1,000명 이상의 팔레스타인인이 사망했다(여기에 피의 복수와 인티파다 내에서의 보복 행위로 죽은 1,000명도 더해야 한다). 1993년에는 팔레스타인 해방 기구와 이스라엘이 오슬로 협약을 체결해 일시적으로 폭력이 중단되고 진정한 팔레스타인 국가를 위한 토대를 마련했다. 하지만 요르단강 서안 지구와 가자 지구는 국제적인 지위 없이 계속 존재하게 되었다. 아바스의 사진 속 아이들은 아마 새로운 반란, 즉 제2차(알아크사Al-Aqsa 인티파다, 2000~2005)와 제3차(칼의 인티파다, 2015년부터 시작) 인티파다의 주인공 혹은 희생자가 될 것이다.

불타는 유정

Burning Oil Wells

1991년 – 쿠웨이트

유정油井에서 연기 기둥이 솟아오르고 사막의 밤이 붉게 물들었다. 흙먼지 속에 떨어져 있는 낡고 찢어진 포스터 속에서 사담 후세인Saddam Hussein이 미소 짓고 있다. 제1차 걸프전을 이보다 효과적으로 요약할 수 있을까. 정복하거나 지켜야 할 석유가 있고, 그것이 혹시라도 적의 수중에 떨어질 위험이 있을 때는 불을 질러야 한다. 선전의 역할과 이미지의 중요성. 전쟁에서 패했음에도 불구하고 여전히 권력을 유지하고 있는 독재자는 만족스러워 할 만한 이유가 몇 가지 있다.

유명 에이전시 매그넘 포토스에서 일하는 사진작가 아바스 아타의 눈에는 이 모든 것이 선명하게 보였다. 파리에 살긴 하지만 아바스는 원래 아랍 세계에 정통한 이란 사람이다. 그는 전 세계 국가 절반에서 벌어지는 전쟁과 혁명을 기록한 뒤, 1987년부터는 중국 영토인 신장Xinjiang에서 시작해 마그레브Maghreb의 대서양 연안에 이르기까지 이슬람의 다양한 면면들을 조사하기로 결심했다.

제1차 걸프전은 그가 조사하는 유일한 주제가 아니었다. 그는 전쟁이 진행되는 과정을 세심하게 추적했지만 유럽이나 미국 매체들과 달리 그것을 절대적으로 중요한 사건으로 여기지는 않았다. 1990년 8월 2일부터 1991년 2월 28일까지, 수많은 언론 매체가 연합군의 작전 내용을 자세히 보도하면서 야간 투시경 장비를 이용해 밤에 찍은 사진을 방송하고 전투기가 공중 촬영한 폭발 현장 등을 보여주었다. 이는 죽음, 특히 이라크인들의 죽음이 모든 신성함을 잃어버린 거대한 비디오 게임처럼 느끼게 했다.

회의감이 깊어지고 환멸을 느낀 아바스는 '지구촌에서 벌어진 최초의 전쟁'으로 역사에 기록될 이 사건이 보다 복잡한 여정의 한 단계에 불과하다는 것을 깨달았다. 그는 이 사건을 전후 사정과 연관시키면서 그 너머를 내다보았다. 이슬람 사람들과 함께한 그의 여정은 1994년에 끝을 맺었고, 그 결과물을 바탕으로 『신은 위대하다Allah O Akbar : A Journey Through Militant Islam』라는 사진집을 출간했다. 서방 세계는 2001년 9월 11일 이후에야 비로소 이 책의 예언적 가치를 깨닫게 될 것이다.

사진 아바스 아타

팀 버너스리와 인터넷 발명

Tim Berners-Lee and the Invention of the Web

1991년 8월 6일 – 스위스 제네바

최근에 사람들의 삶의 방식을 바꿔놓은 발명품이 하나 있다면 그것은 바로 인터넷이다. 인터넷은 우리 모두를 하나로 연결하고 사람들 사이의 거리를 없앴다. 월드와이드웹World Wide Web은 전 세계 사람들이 가장 많이 이용하는 서비스인데, 이를 통해 서로 연결된 다양한 정보(텍스트, 이미지, 음악, 영화 등)가 넘쳐나는 디지털 보물 창고를 검색할 수 있다. 클릭 한 번으로 원하는 정보를 찾을 수 있고, 그 정보는 또 다른 콘텐츠로 무한히 연결된다.

월드와이드웹, 간단히 줄여서 웹을 발명한 사람은 1955년에 런던에서 태어난 컴퓨터 과학자 팀 버너스리Tim Berners-Lee다. 그는 1976년에 옥스퍼드 퀸즈 칼리지에서 물리학 학위를 받고 몇 년간 여러 통신 회사에서 일한 뒤, 제네바에 있는 CERN 연구소에 소프트웨어 엔지니어링 컨설턴트로 입사했다. 그는 월드와이드웹의 원형인 인콰이어Enquire라는 프로그램을 이용해 하이퍼텍스트Hypertext와 데이터 네트워크 개념을 발전시켰다. 1991년 8월 6일, 그는 최초의 웹 사이트인 info.cern.ch를 제작하는 데 성공했다. 그리고 그 사이에 http 프로토콜과 html 프로그래밍 언어를 설계했다. 그는 전체적인 시스템을 완성했고, 이것이 커뮤니케이션 혁명의 길을 열었다.

팀 버너스리의 이 초상화는 미국인 예술가 로버트 실버스Robert Silvers가 보스턴 MIT에 다니면서 고안한 사진 모자이크 기술을 이용해서 만든 것이다. 이 사진은 점묘법을 디지털 시대에 맞게 재해석한 복잡한 작품으로, 이 안에는 엄청나게 많은 작은 사진들이 포함되어 있다. 예술과 사진, 기술의 경계를 허문 새로운 스타일이다. 오늘날 이들 분야가 갈수록 개방적으로 상호 연결되고 있는 것도 다 팀 버너스리의 천재성 덕분이다.

사진 로버트 실버스

바리에 도착한 알바니아 난민들

Landing of Albanian Refugees in Bari

1991년 8월 8일 – 이탈리아 바리

사람들로 꽉 찬 낡은 상선 한 척이 수평선을 가득 메우고 있다. 블로라Vlora호라는 이 배는 바리 항에 막 정박하려는 참이다. 선장은 할림 밀라키Halim Milaqi라는 사람이고 그와 함께 도착한 화물은 말도 안 되는 뜻밖의 존재들이다. 작은 경찰선이 이 배에 접근 중인데, 거대한 상선과 비교하면 더없이 무력해 보인다. 돛대와 깃대에까지 기어 올라간 승선원들은 대부분 성인 남자나 젊은 청년, 소년들이다. 이들은 두레스Durres항에서 배를 공격한 뒤 아무런 계획도, 짐도 없이 배에 올라탔다. 이들 모두 알바니아 국적을 가지고 있지만 이탈리아 방송 협회RAI 프로그램을 보면서 배운 이탈리아어를 구사할 줄 안다. 이들의 옷차림만 보면 아직 1970년대에 머물러 있는 듯하지만 이날은 1991년 8월 8일이다.

풀리아Puglia 지방의 태양이 쨍쨍 내리쬐고 있고 8월의 습도는 숨이 막힐 정도다. 지방 관청은 휴가 중이고 해변은 여행객들로 붐비는데, 거의 2만 명에 달하는 인파가 이 항구에 밀려든 것이다. 어떤 이들은 바다로 뛰어들고, 어떤 이들은 밧줄을 타고 미끄러져 내려온다. 알바니아를 재건하려고 애쓰는 것보다 그냥 탈출하는 편이 더 쉬웠다. 그해 2월에 독재자 엔베르 호자Enver Hoxha의 동상이 넘어지면서 공산주의 정권의 붕괴를 예고했다. 1989년의 베를린 장벽 붕괴를 시작으로 이와 유사한 정치적, 문화적 변화를 야기하는 사건들이 동유럽 곳곳에서 진행되었다. 이탈리아와 알바니아는 겨우 50해리 거리에 있기 때문에 '독수리의 나라' 알바니아는 이탈리아에서 '약속의 땅'을 발견했다.

바리는 이런 사태에 대한 대비가 전혀 되어 있지 않았지만, 낯선 이주자들에게 훌륭한 연대 의식을 보여주었다. 그러나 정부는 즉각적인 송환을 계획하고 있었다. 법적으로 그들은 정치적 망명을 요구할 권리가 없었다. 정부는 이들을 스타디오 델레 비토리Stadio delle Vittorie로 보냈는데, 그곳은 곧 투옥과 유격전의 장소가 되었다. 이들을 집으로 돌려보내기 위한 공중 가교도 조직했지만, 알바니아인들의 탈출은 이제 막 시작되었을 뿐이다.

죽어가는 아이를 지켜보는 독수리

Vulture Stalking a Child

사진 케빈 카터

1993년 3월 – 수단 아요드

이 조용하면서도 극적인 사진을 보는 것은 참을 수 없을 만큼 고통스러운 일이다. 이는 속임수를 일절 쓰지 않고 핵심만 드러낸 사진이기도 하다. 서로 대각선을 이루고 있는 두 피사체는 아무것도 없는 건조한 배경과 대조되어 더욱 눈에 띈다. 어린 여자아이는 극도로 말라서 힘이 하나도 없다. 아이는 몸을 반으로 접은 채 굶주림에 죽어가고 있다. 어떤 표정을 짓고 있는지는 볼 수 없지만, 아이가 어느 정도의 피로와 고통을 느끼고 있을지는 직감적으로 알 수 있다. 아이 뒤쪽에는 독수리 한 마리가 꼼짝도 하지 않고 기다리고 있다. 죽음이 가까워졌음을 알 수 있다. 이 사진을 찍기 위해 선택한 앵글과 대각선 구도 때문에 새의 다음 움직임이 임박한 것처럼 보인다.

남아프리카 출신의 보도 사진작가인 케빈 카터Kevin Carter는 오랫동안 자기 조국에서 벌어진 인종 격리 정책과 피비린내 나는 폭력을 기록했다. 1993년에 그는 이미 내전과 가난, 질병으로 얼룩진 수단 국민들의 목숨을 대량으로 앗아간 대기근 상황을 추적했다. 그가 우연히 이 장면을 목격한 곳은 굶주린 사람들에게 식량을 나눠주는 UN 캠프와 그리 멀리 떨어지지 않은 아요드Ayod라는 마을 부근이었다. 1993년 3월 26일에 『뉴욕타임스』에 실린 이 사진으로 카터는 1994년도 퓰리처상을 받았지만, 어린 소녀가 도움이 필요한 와중에 사진만 찍고 있었다며 거센 비난도 받았다. 카터가 사진을 찍은 뒤에 소녀를 안전한 곳으로 데려다줬는지 여부는 확실하게 밝혀진 적이 없다. 어쩌면 그에게는 상황을 명확하게 설명하고 자기가 그런 행동을 한 이유를 전할 시간이나 정신이 없었는지도 모른다. 그는 몇 달 뒤, 서른세 살의 나이로 자살했다. 분명한 건 카터가 본인 카메라에 담은 비극에 대해 무감각했던 적이 한 번도 없었다는 것이다. 그 이후 이 어린 소녀의 사진은 아프리카 대륙 전체가 겪는 고통의 상징이 되었다. 이 고통은 또 무관심의 결과이기도 하다. 국제 사회는 상황에 개입할 결단력도, 그냥 지켜볼 용기도 없는 경우가 많다.

오슬로 평화 협정 서명

Signing of the Oslo Peace Accords

사진 J. 데이비드 에이크

1993년 9월 13일 – 미국 워싱턴 D. C.

데이비드 에이크David Ake는 언제나 역사 한가운데 있는 사진작가다. 세계적으로 중요한 일이 벌어질 때마다 그는 카메라와 함께 그곳에 있었다. 그가 1993년 9월 13일에 찍은 이 사진은 여러 가지 이유 때문에 완벽하다고 할 수 있다. 사진의 세 인물 중에서 가운데는 미국 대통령 빌 클린턴Bill Clinton이고 그의 오른쪽은 이스라엘 총리 이츠하크 라빈Yitzhak Rabin, 왼쪽은 전 팔레스타인 해방기구PLO 의장 야세르 아라파트Yasser Arafat다. 이것은 역사적인 사건이었다. 오슬로 협정을 체결함으로써 팔레스타인 자치 정부Palestinian National Authority의 토대가 마련되고 요르단강 서안 지구의 자치 정부 출범이 결정되었다. 이 조약은 양측 국민 사이에서 오랫동안 이어진 폭력 행위를 종식시키고 미래의 팔레스타인 국가와 그 지역의 완전한 평화를 위한 초석을 다졌다. 이것은 외교를 통해 얻을 수 있는 최고의 결과물이었다. 실제로 이듬해에 라빈과 아라파트는 시몬 페레스Shimon Peres(이스라엘의 전 총리―옮긴이)와 함께 노벨 평화상을 받기도 했다.

협정의 상징이 된 이 사진에는 공식적인 축하 행사의 모든 요소가 담겨 있다. 우리가 주목할 첫 번째 요소는 단체 조각상에서 찾아볼 수 있는 대칭미다. 서명인 두 명이 사진의 초점 부분에서 악수를 하는 동안 이 협정을 주최한 영향력 있는(그리고 키도 더 큰) 인물은 화면을 정확히 반으로 나눈다. 늦여름을 맞은 워싱턴에서는 내리쬐는 햇살이 절정에 이르러 그늘진 구석을 전혀 남겨두지 않았다. 세계인의 눈으로 볼 때 명확하고 투명해야 하는 국제 조약을 체결하기에 딱 알맞은 날씨다. 세 사람의 얼굴에는 진한 만족감이 떠돌고, 악수하는 이들은 주저 없이 상대의 손을 움켜쥐고 있다. 한편 미국 대통령은 미국의 외교적인 힘과 국제 사회에서의 위치를 상징하는 것처럼 양팔을 넓게 벌리고 있다.

그리고 이후 10년 동안 이 조약과 사진의 세 주인공에게 무슨 일이 생겼는지 되돌아보지 않는다는 건 불가능하다. 이들의 합의는 무시되었고, 평화는 이루어진 적이 없으며, 라빈은 암살되고 아라파트는 죽었다. 그리고 클린턴은 지속적으로 정치적 몰락의 길을 걸었다. 그건 이 환하게 빛나는 사진이 보여주는 약속과는 완전히 다른 운명이다.

에이즈 메모리얼 퀼트

The AIDS Memorial Quilt

사진 에반 아고스티니

1996년 10월 12일 – 미국 워싱턴 D. C.

공식 명칭은 'NAMES 프로젝트 에이즈 메모리얼 퀼트 NAMES Project AIDS Memorial Quilt' 지만 '메모리얼 퀼트'라는 이름으로 더 잘 알려진 이것은 에이즈 희생자들을 기리기 위해 여러 나라 사람들이 바느질한 천 조각을 모아 서로 잇대어 만든 거대한 퀼트다. 이 프로젝트는 1985년에 게이 활동가인 클리브 존스 Cleve Jones 가 샌프란시스코에서 시작했다. 그는 동성애자들의 권리를 위해 헌신하다가 목숨을 잃은 하비 밀크 Harvey Milk 와 조지 모스콘 George Moscone 을 기리는 연례 행진에 참가한 친구들에게, 에이즈로 죽은 사랑하는 이들의 이름을 카드와 포스터에 적어달라고 부탁했다. 시위가 끝날 무렵 이 포스터들을 샌프란시스코 연방 건물 계단에 깔아놓자 마치 조각보 같은 효과가 생겨서, 메모리얼 퀼트에 대한 영감이 처음으로 떠올랐다. 이 공동 작업은 빠르게 퍼지고 있는 이 질병의 파괴적인 영향을 고발하기 위한 것이다. 퀼트는 동성애자의 권리를 위한 전국 행진이 열린 1987년 10월 11일에 워싱턴의 백악관 앞에서 처음 전시되었다. 이 퀼트는 거의 2,000개에 달하는 조각으로 이루어져 있다. 1989년에는 노벨 평화상 후보에 오르기도 했고, 1996년에 퀼트 전체를 역시 워싱턴에서 마지막으로 전시했다. 이날 에반 아고스티니 Evan Agostini 가 퀼트의 상당 부분을 사진에 담았다. 하지만 전체를 찍지는 못했는데 비행기나 헬리콥터를 타고 상공으로 올라가지 않는 이상 퀼트 전체를 한 프레임 안에 담는 건 불가능했기 때문이다.

오늘날 에이즈 메모리얼 퀼트는 세상에서 가장 거대한 집단 창작 예술품이 되었다. 4만 8,000개 이상의 천 조각이 포함된 이 작품은 늘 '일부분'만 전시된다. 따라서 예술적 디자인과 일상의 가닥들이 만나는 이 프로젝트는 개인의 경험이 어떻게 하나의 사물이나 기억과 뒤섞일 수 있는지 강렬하게 상기시켜 주는 시각적 장치가 되었다. 이 퀼트는 에이즈와 맞서 싸우면서 이 병이 차지하는 공간을 우리 몸을 위한 공간으로 바꿔놓은 사람들의 노력을 증언한다. 상실을 견디기 위해 내면의 고통을 집단의 기억 속으로 옮겨서 그 고통을 넘어서는 것이다.

코소보 난민의 역경

The Plight of Kosovo Refugees

1999년 5월 3일 – 알바니아 쿠커스

한 어린아이가 가시철조망 울타리 틈새로 지나가는데 적어도 네 명의 사람이 달려들어서 부드럽고 조심스러운 손길로 도와주고 있다. 잔뜩 겁먹은 아이의 표정은 반대편에서 미소 띤 얼굴로 감정을 드러내고 있는 젊은 여성과 대조적이다.

이 가시철조망은 알바니아 북동부의 쿠커스주Kukes에 있는 거대한 난민 수용소를 에워싸고 있다. 이 수용소는 코소보 전쟁 중에(1998~1999) 수천 명의 알바니아계 코소보 난민들을 받아들였다. 아이의 이름은 아김 샬라Agim Shala고 이제 겨우 두 살이다. 이 길고 무시무시한 시기를 겪은 그의 가족들은 처음으로 아이의 얼굴을 제대로 보는 것이다.

부모와 아이는 코소보 출신이고 수용소 안에 산다. 이들은 슬로보단 밀로셰비치Slobodan Milosevic의 군대와 세르비아 민병대가 자행하는 폭력에서 벗어나려고 국경을 넘었다. 베오그라드Belgrade(세르비아의 수도—옮긴이)는 코소보 해방군UCK을 격파하고 이 지역의 분리 독립 시도를 폭력적으로 진압하기로 했다. 아이의 조부모는 수용소 밖에 있다. 그들은 코소보의 다른 지역에 살다가 이제 막 이곳에 도착해서 수용소 입소 허가를 기다리고 있다. 그사이에 어떻게든 손자를 안아 보고 싶어 하는 것이다.

이 사진을 찍은 캐럴 구지Carol Guzy는 2000년에 퓰리처상을 받았다. 그녀는 『워싱턴 포스트 The Washington Post』에 소속된 사진기자로, 동료인 루시안 퍼킨스Lucian Perkins와 마이클 윌리엄슨Michael Williamson과 함께 난민들의 생활상을 기록하기 위해 두 달 동안 이 수용소에서 지냈다. 이 장면이 즉각적으로 사람들의 시선을 끄는 효과를 발휘하는 건 대각선 구도 덕분이기도 하다. 사진은 그림자가 진 부분과 밝은 부분으로 나뉜다. 아이가 입은 밝은 색상의 옷과 아이의 얼굴을 부드럽게 어루만지는 빛 때문에 관찰자의 눈은 금세 아이에게 쏠린다. 태양도 생명의 승리를 축하해주고 싶어 하는 듯하다. 가시철조망도 어린 손자를 보며 기뻐하는 조부모들의 인간적인 즐거움을 앗아가지는 못할 것이다.

참모들과 함께 기도하는 마수드
Massoud Praying with His Officers

사진 마이클 야마시타

2000년 – 아프가니스탄

사람들은 그를 '판지시르Panjshir의 사자'라고 불렀다. 그는 게릴라 전사였지만 그와 동시에 정치가이자 교묘한 전략가, 교양 있는 남자였고 여러 개의 언어에 능통했다. 전반적으로 그는 국가적인 영웅이 되기에 적합한 프로필을 갖추고 있는 셈이다. 타지크족Tajiks인 아흐마드 샤 마수드Ahmad Shah Massoud는 1953년에 아프가니스탄 북부에서 경찰관의 아들로 태어났다. 1970년대에 카불에서 대학에 다닌 그는 서구 문화에 매료되었지만 그래도 이슬람 정당에 가 입해 활동했다.

1978년에 쿠데타가 일어나고 1979년에 소련의 침공까지 받자, 파키스탄에 망명 중이던 마수 드는 조국에 돌아가 무자헤딘Mujahideen 레지스탕스를 조직했다. 그의 전설이 탄생한 것은 자 기가 이끄는 부대보다 훨씬 강력한 군대와 맞서 싸운 판지시르의 골짜기에서였다. 무자헤딘 은 1989년에 적군이 후퇴해서 최종적으로 승리를 거둘 때까지 계속 싸웠다. 마수드는 1992년 에 국방부 장관으로 임명되었지만, 그때 아프가니스탄은 부족들 간의 전쟁으로 분열되어 있 었기에 그는 몇 년 뒤 다시 전장으로 돌아갔다. 1996년에는 탈레반Taliban(1994년에 아프가니 스탄 남부에서 결성된 무장 이슬람 정치 단체—옮긴이)에게 침략당한 카불을 포기하고 제2차 게 릴라전을 이끌어야 했는데, 이때는 북부 동맹 사령관을 역임했다. 2000년에 마이클 야마시타 Michael Yamashita(30년 동안 『내셔널 지오그래픽』 사진기자로 일한)가 찍은 이 사진에서는, 마 수드가 건조한 언덕을 배경으로 서 있는 탱크 발치에서 충실한 추종자들과 함께 기도하는 모 습을 볼 수 있다.

이들의 종교적 헌신이 전쟁터에서의 운명과 공존하고 있다는 두 가지 대조적인 사실 때문에 시사하는 바가 큰 사진이다. 황금색 빛과 구도의 형식적인 완벽함 덕에 수백만 명의 사망자와 갈 곳 잃은 난민을 낳은 아프간 분쟁의 아픔이 진정되는 느낌이다. 마수드 사령관은 아직 살 날이 1년 더 남아 있다. 그는 2001년에 자살 공격을 받아 암살당한다. 그가 죽고 이틀 뒤인 9월 11일, 뉴욕의 쌍둥이 빌딩이 공격을 받고 곧 미군이 아프가니스탄을 침략해 새로운 전쟁이 시 작될 것이다.

파키스탄의 아프간 난민 수용소

Afghan Refugee Camp in Pakistan

사진 토마스 드보르작

2001년 8월 – 파키스탄 페샤와르

모든 아이에게는 놀 권리가 있다. 하지만 2001년에 아프가니스탄에 살던 아이들은 그런 권리를 누리지 못했다. 탈레반이 연도 날리지 못하게 하고 근본적으로 아이들의 모든 행복을 금지했기 때문이다. 피비린내 나는 내전과 끔찍한 가뭄 때문에 상당수의 어린이가 가족과 함께 자기 나라를 떠나야만 했다. 임시 수용소에 쳐놓은 작은 천막이 그들의 새로운 보금자리가 되어 한정된 평화의 공간과 일시적인 평온함을 제공한다.

탈레반이 장악한 지역에 살면서 아프간이 겪는 위기를 오랫동안 기록해온 독일 사진작가 토마스 드보르작Thomas Dworzak은 국경을 넘어 파키스탄으로 달아나는 이들의 행로를 추적했다. 2001년 8월에 페샤와르Peshawar 인근의 잘로자이Jalozai 수용소에서 찍은 이 사진은 폭풍우가 몰아치는 날 낮게 구름이 깔린 하늘 아래에서 흰색 연을 날리는 데 열중하고 있는 아프간 어린이의 모습을 보여준다. 아이의 얼굴에 비친 우울한 표정은 그가 하는 놀이의 평범함과 난민 수용소의 열악한 생활 조건을 대비시켜서 보여준다. 해가 비치지 않는 사막의 색은 흐릿하고 거의 균일하다. 지평선은 비스듬히 경사져 있는 반면, 아이는 세상의 부조리에 저항하는 자세를 취하면서 똑바로 서 있다.

아이에게 세상은 자기 뒤에 있는 작은 천막들이 모인 공간과 발아래의 모래, 그리고 머리 위의 광활한 하늘이 전부다. 이 사진에서 공간 대부분을 차지하는 하늘만이 한계가 없다. 그리고 아이의 연은 바람을 따라 가볍고 자유롭게 날 수 있다.

그라운드 제로
Ground Zero

2001년 9월 11일 – 미국 뉴욕

이 사진은 19세기 초에 바다에서 전투를 벌이는 소형 구축함들의 모습을 담은 은판 사진처럼 보일 수도 있다. 가운데에 거대한 돛이 하나 서 있고 그 주변에는 죽음과 적막의 물결이 넘실거린다. 사진 속 뉴욕의 쌍둥이 빌딩이 테러리스트의 공격을 받은 뒤에 남은 것은, 검은 연기와 먼지구름에 둘러싸인 한 무더기의 폐허가 전부다.

이 종말론적인 장면에서 가장 채도가 높은 색들이 사진의 극적인 분위기를 더욱 뚜렷하게 한다. 다양한 색조의 검은색과 회색이 먼지를 통해 걸러진 호박색 빛 때문에 더 선명하게 보인다. 이 사진은 2011년 9월 11일의 테러 공격으로부터 일주일이 지난 뒤, 신문사 사진기자인 크리스 코더Chris Corder가 불과 며칠 전까지만 해도 전 세계에서 가장 중요한 경제 중심지 뉴욕의 금융가에 우뚝 서 있던 세계무역센터 자리를 돌아다니다가 찍은 것이다. 그는 이 사진을 통해 415미터 높이에 강철과 유리, 콘크리트로 지어진 110층짜리 쌍둥이 건물의 마지막 잔해를 보여준다. 사진에는 사람이 아무도 안 보이지만 원래는 매일 수천 명이 이곳을 지나다녔다. 그 중 상당수는 살아남았지만 목숨을 잃은 사람도 3,000명이 넘는다.

세계무역센터의 북쪽 타워에 아메리칸 항공 11편이 충돌한 건 뉴욕의 어느 평범한 아침 8시 46분의 일이다. 이 비행기에는 92명이 타고 있었는데 그중 5명은 알 카에다Al-Qaeda라는 테러리스트 집단에 소속된 납치범들이다. 17분 뒤에는 남쪽 타워도 비슷한 운명을 맞게 될 것이다. 그리고 두 개의 타워 모두 2시간 안에 무너진다. 이는 현대에 들어와 미국 영토에서 벌어진 가장 대규모 공격이다.

2014년에 쌍둥이 빌딩 자리에 원 월드 트레이드 센터One World Trade Center가 개관했다. 이 건물은 세계에서 가장 높은 건물 중 하나이며, 이곳에서 벌어진 일을 기억하고 또 새로운 시대를 기념하기 위해 흔히 프리덤 타워Freedom Tower라고 부른다.

사진 크리스 코더

아들과 함께 있는 이라크 포로

An Iraqi Prisoner with His Son

2003년 3월 31일 – 이라크 알 나자프

얼굴을 비닐 두건으로 가린 한 남자가 이라크 남부의 한 포로수용소에서 네 살 된 아들을 달래고 있다. 두 사람 모두 미군에게 체포되었다. 어린 소년은 겁에 질려 아버지의 품에 기대 있고, 아버지는 한 손은 아이의 이마에 얹고 다른 손으로는 아이의 허리를 감싸고 있다. 그들 주변은 온통 사막이다. 수용소의 뒤엉킨 가시철조망 울타리가 이 장면을 에워싸면서 모든 것을 잔인함으로 물들인다.

이 사진은 다국적군이 사담 후세인 정권을 전복시키기 위해 이라크를 침공하고 며칠 뒤인 2003년 3월 31일에 찍은 것이다. 프랑스 사진작가 장 마르크 부쥐Jean-Marc Bouju는 AP 통신을 대표해 이라크에 가 있었고, 약 2개월 동안 미 육군 101 공수 부대를 따라다니면서 군사 작전을 보도했다. 이 장면을 목격했을 당시 그는 바그다드Baghdad 남쪽 안 나자프An-Najaf 인근의 포로수용소에 있었다. 아이는 자기 아버지에게 수갑을 채우고 두건을 씌우는 모습을 보고는 울며 소리치기 시작했다. 미국 군인들은 포로들이 방향 감각을 잃게 하고 그들의 신원을 보호하기 위해 이런 방법을 관행처럼 사용했다고 주장했다. 나중에 미군 한 명이 남자의 수갑을 풀어줘서 그는 아들을 품에 안을 수 있게 되었다. 부쥐는 포로의 이름이나, 그와 어린 소년이 어떤 운명을 맞게 되었는지는 알아내지 못했다.

이 사진의 뛰어난 표현력은 그 단순함 때문이다. 아버지의 애정 어린 몸짓에 초점을 맞춘 몇 가지 요소들이 전쟁의 잔인한 장면과 대조를 이룬다. 이 사진은 2004년에 세계 보도 사진전에서 올해의 사진상을 받았고, 그때부터 세계 여러 지역에서 무력 충돌에 말려든 아이들의 고통을 상징하는 사진이 되었다.

191

사담 후세인 동상 철거

The Destruction of the Statue of Saddam Hussein

2003년 4월 9일 – 이라크 바그다드

바그다드의 피르도스Firdos 광장에 서 있는 사담의 동상은 겨우 1년 전에 사담의 65번째 생일을 맞아 제막된 것이다. 하지만 2003년 4월 9일에 이 동상이 받침대에서 쓰러졌을 때 이 사실을 대중들에게 알리려고 한 기자는 많지 않았다. 그날 미국 및 영국 부대와 함께 있던 종군 기자들은 별다른 노력을 기울일 필요가 없었다. 그들이 묵던 팔레스타인 호텔Palestine Hotel에서도 청동으로 만든 거대한 사담 후세인이 장악하고 있는 광장을 내려다볼 수 있었기 때문이다. 이 사건의 공식적인 설명에 따르면 지역 주민들의 요청에 따라 동상을 파괴했다고 한다. 하지만 승리한 군대의 선전 전략에 이 사건을 포함시키고 싶은 유혹이 매우 컸던 탓에, 종군 기자인 로버트 피스크Robert Fisk는 이것이 "이오지마 전투 이후 가장 완벽하게 연출된 사진 촬영 기회"였다고 말하기도 했다. 만약 이 작전의 진짜 목표가 20년간 이어진 독재 정권 타도와 관련된 상징을 만들고 2차 걸프전의 종식을 상징하는 것이었다면, 왜 이 기념물의 역사에 대해 곰곰이 생각해본 사람이 아무도 없었는지 쉽게 이해할 수 있다. 전후 사정을 다 알리고 이 동상이 세워진 지 얼마 안 된 것이라는 사실까지 밝혔다면, 사진의 절대적인 가치가 훼손되었을 것이다.

무슨 일이 있었건 간에, 여러 상을 받은 영국의 사진기자 마이크 무어Mike Moore가 찍은 이 사진은 결정적인 순간에 앞서 진행되는 준비 과정을 보여준다. 마치 공개 처형 준비를 지켜보는 듯한 기분이다. 이 사진의 주인공은 사진기자나 구경꾼들이 가까이 다가오지 못하게 막고 있는 해병대원과 사진을 대각선으로 가로지르면서 동상에 올가미를 걸고 있는 M88 장갑구난차량의 크레인이다. 사담 후세인은 배경으로 밀려나 사진에 잘 보이지도 않는다. 그는 더 이상 쓸모가 없다. 이미 과거의 인물이 되었으니까.

미얀마의 사프란 혁명

The Saffron Revolution in Myanmar

2007년 9월 20일 – 미얀마 양곤

지평선만큼 멀리 이어지는 승려들의 행렬이 관찰자를 향해 다가오고 있다. 사진의 대각선 구도가 긴장감과 역동성을 자아내고, 낮은 앵글 때문에 시위자들의 행진이 한층 더 눈길을 끈다. 이들의 발아래에 흐르는 물 때문에 초현실적인 느낌도 든다.

2007년 9월 20일에 롭 브라이언Rob Bryan이라는 기자가 찍은 이 사진은 미얀마의 불교 승려들이 생계비 인상에 어떤 태도를 취했는지 보여준다. 특히 이번 시위는 집권 중인 군사 정권이 연료비를 다섯 배나 인상하기로 한 결정에 반대하기 위한 것이다. 단 며칠 만에, 이 결정이 경제 전반에 미치는 영향이 분명하게 드러났다. 이미 불안한 경제 상황 때문에 고생하던 농민들은 더 이상 교통비를 감당할 수 없게 되었다. 오랜 압제에 시달리던 이들에게 이 사건은 반란의 도화선이 되었다. 미얀마 국민들은 1992년부터 정권을 쥐고 수많은 인권을 유린한 탄 슈웨Than Shwe 장군의 독재 정권에 항거해 일어섰다. 독재자는 야당의 주요 지도자인 아웅산 수치Aung San Suu Kyi를 가택 연금시키기도 했다.

주로 학생들이 주도한 시위는 8월에 시작되었고 수많은 사람이 체포되었다. 9월에는 불교 승려들이 국민들을 지원하기 위한 행동에 나섰다. 이들의 시위는 평화로웠다. 승려들은 맨발로 길게 줄을 지어 양곤 거리를 걸어 다녔고, 그 옆에서는 다른 사람들이 인간 방패를 이루어 함께 따라다녔다. '사프란 혁명'이라는 이름은 승려들이 입은 승복 색에서 유래된 것이다. 9월 말 경에 양곤에서 10만 명 이상의 승려들이 시위에 참가하자 군대는 폭력적으로 시위를 탄압했고, 이로 인해 국제 사회가 이 나라 상황에 관심을 갖게 되었다.

월스트리트의 몰락

The Wall Street Crash

2008년 9월 26일 – 미국 뉴욕

"탐욕은 죽음을 부른다."

2008년 9월에 이 문장을 목에 건 많은 사람이 월스트리트와 경기 침체의 근본 원인으로 간주되는 은행 및 금융 기관들의 무모한 투기에 반대하는 시위를 벌였다. 호평받는 보도 사진작가 질 페레스가 찍은 이 사진에는 상당한 상징적 가치가 담겨 있다. 뉴욕 금융가의 볼링 그린Bowling Green 공원에 있는 아르투로 디 모디카Arturo Di Modica의 유명한 청동 황소상은 미국 시민들을 짓밟고 저축과 미래에 대한 희망을 파괴한 자본주의의 강력한 힘을 나타낸다. 리먼 브라더스 Lehman Brothers 투자 은행의 엄청난 투자 실패 때문에 생긴 광범위한 경제적 우려는 부시 행정부가 위기 악화를 막으려고 필사적으로 시도한 은행 구제 계획에 많은 이들이 강한 불만을 느끼면서 더 심해져 갔다. 2007년 가을에 급작스럽게 시작된 경기 침체는 유럽과 전 세계로 확산되어 수많은 은행과 금융 그룹에 심각한 피해를 끼친다.

애널리스트들은 1929년 이후로 가장 심한 이번 경기 침체의 원인을 여러 가지 밝혀냈다. 몇몇 은행들의 도산으로 이어진 서브프라임 모기지subprime mortgage 체납과 관련된 미국 부동산 시장의 심각한 투기 거품도 그 이유 중 하나다. 결국 이런 실패들의 도미노 효과가 점점 커지면서 글로벌 시장의 균형이 깨졌다.

경기 대침체의 직접적인 결과는 실업률 증가, 소비 감소, 그리고 말 그대로 거의 무일푼이 된 중산층의 전반적인 빈곤화 등이다.

2009년 1월 20일 – 미국 워싱턴 D. C.

미국의 제44대 대통령으로 취임해 전 세계에서 가장 영향력 있는 자리를 차지한 최초의 아프리카계 미국인 버락 후세인 오바마Barack Hussein Obama는 시카고 출신의 별로 알려지지 않은 상원의원이었다. 이 사진 속에 영원히 박제된 취임 선서는 2009년 1월 20일에 진행되었고, 오바마는 공화당 출신 전임 대통령인 조지 W. 부시George W. Bush의 뒤를 이을 준비를 하고 있다. 그는 대통령직을 두 차례 역임하게 될 것이다.

오른손을 치켜들고 왼손은 에이브러햄 링컨Abraham Lincoln이 1861년에 16대 대통령 선서를 할 때 사용한 바로 그 성서 위에 올려놓은 오바마는 엄숙하게 맹세했다. 그의 앞에 서 있는 존 로버츠John Roberts 대법원장이 오바마가 따라 해야 하는 말을 읽어준다. 선서 중간에 오바마가 잠시 머뭇거린 순간이 있었다. 로버츠가 문장의 단어 순서를 잘못 읽자 오바마는 잠시 말을 멈췄다가 다시 선서를 이어갔다. 그의 옆에 방패처럼 서 있는 사람은 영부인 미셸Michelle이다. 그녀는 성서를 받쳐 들고, 두 딸 말리아Malia (10세), 사샤Sasha (7세)와 함께 남편을 자랑스러운 표정으로 지켜보고 있다. 그들 주위에는 거의 200만 명에 달하는 인파가 모여 워싱턴 내셔널 몰National Mall 부근의 반경 3킬로미터 거리를 꽉 메우고 있었다.

"우리 모두가 평등하고 자유로우며 각자 자신의 행복을 추구할 기회를 가질 자격이 있습니다." 새로 선출된 대통령은 국회의사당 서쪽 발코니에서 취임 연설을 하면서 근면과 정직, 용기와 공명정대한 행동, 관용과 호기심, 충성심과 애국심 등 미국의 전통적인 가치에 호소했다. 오바마는 모든 사람에게 평등한 권리를 보장하고, 균형 잡힌 평화를 유지하고, 기후 변화에 맞서 싸우고, 핵전쟁의 위협을 종식하겠다고 약속한다. 이런 목표를 이루려면 자기가 가진 것보다 더 많은 시간과 힘이 필요하다는 걸 알지만, 이것이 그가 가고자 하는 방향이다. 그는 취임 후 1년도 채 되지 않아, '국제 외교와 사람들 간의 협력을 강화하기 위해 특별한 노력'을 기울인 공로로 노벨 평화상을 받게 되는데 그의 수상 자격과 관련해 상당한 논란이 일 것이다. 또 두 번이나 『타임』이 선정한 올해의 인물로 뽑히게 된다. 그리고 오바마는 최근 활약한 그 누구보다, 더 나은 미래에 대한 희망과 꿈을 키우는 데 성공한 사람이다.

버락 오바마

Barack Obama

사진 티모시 A. 클레리

카이로에 찾아온 아랍의 봄

The Arab Spring in Cairo

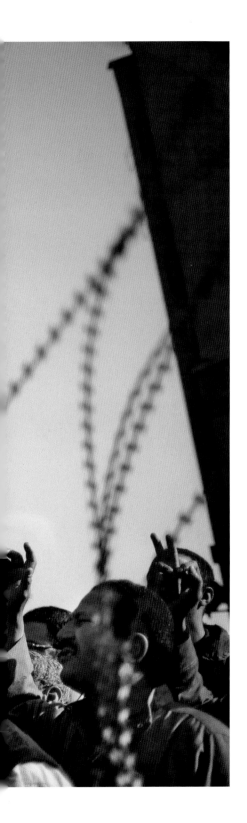

2011년 2월 9일 – 이집트 카이로

이집트 국민들이 30년이나 이어진 호스니 무바라크Hosni Mubarak 대통령의 독재 정권을 전복하는 데는 딱 18일이 걸렸다. 1월 25일, 수천 명의 이집트인이 몇 개월 전에 수수께끼 같은 상황에서 알렉산드리아Alexandria 경찰에게 살해당한 젊은이를 위해 개설된 '우리는 모두 칼레드 사이드다We are all Khaled Said'라는 페이스북Facebook 페이지의 호소에 응했다. 튀니지에 이어, 이집트에도 아랍의 봄바람이 불어왔다. 한 무리의 시위대가 카이로 거리로 몰려나와 이 도시의 중심부인 타흐리르Tahrir 광장에 도착했다. 그리고 며칠 동안 그곳에서 젊은이, 학생, 운동가, 노동자, 예술가, 극단주의자, 이슬람교도, 기독교도, 남성과 여성의 모임이 열렸는데 다들 분노하면서 '빵과 자유, 사회 정의'를 요구하기로 결의했다. 정부는 이런 요구에 폭력적인 진압으로 대응하면서 휴전을 강요하고 인터넷을 통한 의사소통을 중단시키려고 했다.

보도 사진작가인 모이세스 사만Moises Saman은 타흐리르 광장에 모인 군중들과 뒤섞여서 이집트 혁명을 내부에서 추적했다. 그는 이런 순간에 발휘되는 인간애와 강인한 힘을 빠짐없이 기록하려고 최루 가스와 온갖 위험 속에 직접 뛰어들었다. 시위대는 2월 9일에도 무바라크에 대한 경멸의 감정을 두려움 없이 노래하고 소리쳤다. 이집트 국기로 머리를 감싼 한 청년이 누구보다 더 높은 곳까지 닿게 외치려고 다른 이의 어깨 위로 올라갔다. 그의 손가락은 똑바로 푸른 하늘을 가리키는 반면, 아래에 있는 남자는 소심한 승리의 손짓을 하고 있다. 혁명의 모습을 담은 다른 많은 사진처럼, 이 사진에서도 가시철조망이 젊은 시위자들의 얼굴 앞에 가로놓여 있기 때문에 관찰자의 시점은 바리케이드 이쪽 편에 있는 보안 부대의 시선과 동일하다. 자신의 형제들과 싸우는 동안 그들은 무슨 생각을 했을까?

마침내 2월 11일, 오마르 술레이만Omar Suleiman 부통령은 무바라크가 자신의 모든 권력을 이집트군 최고평의회에 넘겼다고 발표했다. 기쁨의 물결이 광장을 휩쓸고 아침이 밝을 때까지 자유의 춤과 노래가 행복감에 젖어 울려 퍼졌다. 하지만 시간이 지나면, 민주주의로 가는 길은 여전히 매우 멀고 고통스럽다는 것을 다들 깨닫게 될 것이다.

사진 모이세스 사만

아들을 찾아내 안고 있는 여인

A Woman Finds Her Son and Embraces Him

2011년 10월 15일 – 예멘 사나

서로 반대되는 체구, 힘과 포기, 빛과 그림자, 노출과 은폐. 사무엘 아란다Samuel Aranda가 찍어서 2012년에 세계 보도 사진전 올해의 사진상을 받은 이 사진은 단순하면서도 극도로 효과적인 색 대비로 이루어져 있다. 뒤쪽을 에워싼 어딘지 알 수 없는 배경 때문에 전후 사정을 알 길이 없어 사진의 효과가 배가 되고, 피사체가 강조되며, 남자의 벌거벗은 피부와 여인이 덮어쓴 니캅niqab(이슬람교도 여성들이 착용하는 눈을 제외한 얼굴 전체를 덮는 가리개—옮긴이)의 검은 천이 강하게 대비된다. 이런 형식적인 미니멀리즘 덕분에 이 사진은 곧바로 하나의 상징이 되었다.

교전 지역에서 들어오는 일반적인 상황 보도와 대조적으로, 이 사진은 폭력의 잔혹성을 재현하지 않는다. 숨 막힐 듯한 포옹과 속삭임, 친밀한 순간이 담긴 유연한 포즈다. 아란다가 우리에게 보여주는 이 위엄 있는 모습은 중동의 이야기를 쓰는 데 기여한 일반인들의 용기를 대변한다.

2011년 10월 15일, 예멘의 수도인 사나sana'a의 거리는 조국의 자유를 요구하고 알리 압둘라 살레Ali Abdullah Saleh 대통령의 정권에 반대하는 시위자들에게 점령당했다. 자예드 알 콰즈Zayed al-Qaws라는 열여덟 살의 예멘 청년이 그날 시위대 선두에 서 있다가 최루 가스에 중독돼 땅에 쓰러지고 말았다. 그의 어머니 파티마Fatima는 임시 병원 구실을 하던 이슬람교 사원에 앉아 있는 아들을 발견했다. 어머니는 아들을 껴안았다. 그녀는 무슨 일이 있었던 건지 모르지만, 아들이 아직 살아 있는 걸 보고는 행복해하면서 검은 베일 아래에서 기쁨의 눈물을 흘린다. 스페인 출신의 보도 사진작가 사무엘 아란다는 이 장면을 영원 속에 남겼다. 아란다가 찍은 이 사진은 상을 받은 뒤에 유명해질 것이고, 미켈란젤로Michelangelo가 조각한 피에타Pieta 상과 자주 비견되면서 더 큰 힘이 실리게 될 것이다. 알아볼 수 없게 감춰진 두 사람의 얼굴 덕분에 이 사진은 머나먼 서구의 도해법을 뛰어넘어, 아랍의 봄을 맞이하기 위한 투쟁과 원리주의 율법에 따라 살아가는 용감한 여인이라는 완전히 새로운 이야기를 들려주는 상징으로 바뀌었다.

스레브레니차 대학살 추모일

The Anniversary of the Srebrenica Massacre

2012년 7월 11일 – 보스니아 헤르체고비나 포토차리

똑같이 생긴 관의 행렬이 끝없이 이어지며 계속 늘어난다. 광선이 어둠을 꿰뚫으면서 죽음의 냄새가 진하게 밴 공기만큼이나 견디기 힘든 깊은 열상을 남긴다. 비탄의 메아리가 관 주위의 공간을 채우지만, 이곳에는 침묵과 공허, 부재만이 가득하다.

1995년 7월 11일, 보스니아 헤르체고비나에서 전쟁이 벌어지는 동안 스레브레니차Srebrenica 주민들은 끔찍한 공포를 겪었다. 대부분 이슬람교도로 구성된 2만 명 이상의 난민(보스니아 지역 토착 거주민들)이 스레브레니차로 피난을 간 이유는 그곳이 유엔군 370명의 경호를 받는 '보호 구역'으로 선포되었기 때문이다. 하지만 라트코 믈라디치Ratko Mladic 장군(사실 그는 사라예보Sarajevo 남쪽의 보스니아 땅에서 태

어났다)이 이끄는 세르비아 군대와 세르비아의 극우주의자 아르칸Arkan이 이끄는 준군사 조직이 이 작은 도시를 점령하고 주민들을 학살하기로 했을 때, 그들을 가로막는 장애물은 아무것도 없었다. 이들의 의도는 '인종 청소'라는 정신 나간 계획을 완수하는 것이었다. 유엔군은 개입하지 않았다. 공격을 막기는커녕 포토차리에 있는 기지로 후퇴했는데, 이는 중앙 사령부와의 의사소통 문제 때문일 수도 있고 아니면 그런 엄청난 공격에 맞서기에는 병력도 너무 적고 무장 상태도 열악했기 때문일 수도 있다. 이들은 며칠 전부터(그리고 7월 11일 당일에도) 공중 지원을 요청했지만 허사로 끝났다. 스레브레니차에 진입한 세르비아 군인들과 준군사 조직은 열네 살부터 일흔여덟 살 사이의 남자들을 다른 이들과 따

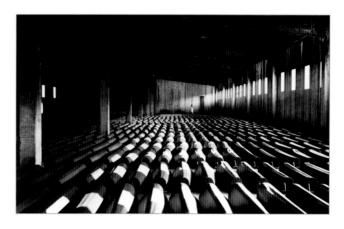

로 분리시켰다. 그리고 이들을 무자비하게 살해하고 시체를 집단 매장지에 버렸다. 결과적으로 8,373명의 희생자가 확인되었다. 소지품 확인이나 DNA 검사를 통해 희생자들 가운데 약 7,000명의 이름과 성을 파악할 수 있었다. 보스니아 실종자 협회에 따르면 아직 1,200명의 시신이 행방이 묘연한 상태라고 한다.

학살이 벌어진 뒤 매년 7월이면 죽은 이의 친지들이 사랑하는 사람의 얼마 안 되는 유품을 묻으려고 돌아왔는데, 지금까지 200개가 넘는 집단 매장지에서 이런 유품들이 발굴되었다. 희생자들의 관은 2003년에 포토차리의 과거 유엔군 본부 자리에 개관한 추모관으로 옮겨서 줄지어 늘어놓았다. 오늘날 스레브레니차에는 죽은 사람들만 남아서 수천 명의

남자와 소년들이 언덕에 잠들어 있다.

학살이 자행되고 17년이 지난 뒤, 파올로 펠레그린Paolo Pellegrin이 너무 빨리 잊힌 공포를 우리의 집단 기억 속에 기록하기 위해 포토차리 추모관을 찾았다. 그는 인간성이 패배한 증거물을 사진에 담았다. 침묵 속에 잠겨 있는 이 관들은 도덕적 정치적 공백, 유고슬라비아를 분열시킨 갈등을 예측하고 반대할 수도 있었을 국제 사회의 대응 능력 부족 등을 일깨워준다. 이 관들은 살육 행위가 끝났다고 해서, 혹은 마지막 희생자의 시신을 발굴한다고 해서 그것으로 집단 학살이 끝나는 게 아니라고 말한다. 집단 학살은 역사와 미래를 혹독하게 비판하고, 무수히 많은 방법으로 평화의 진전을 방해한다.

프란치스코 교황 선출

The Election of Pope Francis

2013년 3월 13일 – 바티칸 시국

3월의 온화한 저녁이다. 새로 선출된 교황이 성 베드로 대성당의 유명한 로지아loggia(한쪽 면이 트여 있는 방이나 복도—옮긴이)에서 처음으로 연설을 할 예정이다. 네 번이나 검은 연기가 피어오르다가 그날 저녁 7시 6분이 되어서야 흰 연기가 피어올라 신도들이 열광했다. 장루이 토랑Jean-Louis Tauran 추기경이 방금 전통적인 하베무스 파팜Habemus Papam(새 교황이 선출된 직후에 선포하는 라틴어로 된 선언문—옮긴이)을 공표하고 부에노스아이레스 대주교가 교황으로 선출되었다고 발표했다. 그가 바로 아르헨티나 출신의 예수회 사제 호르헤 마리오 베르고글리오Jorge Mario Bergoglio로, 아시시Assisi의 성인 프란치스코에게 경의를 표하기 위해 프란치스코라는 이름을 교황명으로 쓰게 되었다. 다들 교황의 첫 연설을 듣고 싶어 했지만 대부분은 그가 누구인지 잘 모르는 상태였다. 베르고글리오가 교황으로 뽑힌 건 놀라운 일이었다. 다른 추기경들이 선출될 가능성이 더 높았을 뿐만 아니라 교황 선출을 위한 콘클라베Conclave가 열린 것 자체가 전혀 예상치 못했던 일이기 때문이다. 사실 전임 교황인 베네딕토 16세Benedict XVI가 노령과 건강 악화를 이유로 사임을 결정했기에 가능한 일이었다. 1415년의 그레고리 12세Gregory XII 이후로 교황이 생전에 사임한 건 이번이 처음이었다.

프란치스코 교황은 신도들에게 친밀한 태도로 다가가 사람들을 놀라게 했다. 일반적인 축복의 말 대신 "보나세라Buonasera(이탈리아어 저녁 인사—옮긴이)"라는 인사말로 말문을 연 그는 예식을 위한 제의祭衣도 입지 않고 엄숙한 태도도 보이지 않은 채 간단하게 연설을 마쳤다. 스스로 로마의 주교라고 자처하는 교황의 겸손한 태도는 처음부터 명확하게 드러났다. 그는 교황 전용 차량을 이용하지 않고 다른 추기경들과 함께 버스를 타고 다니며, 호텔에서 직접 대금을 지불하고, 본인을 위해 따로 마련된 거처를 거부하고 일반 사제들을 위한 소박한 숙소인 카사 산타 마르타Casa Santa Marta를 선호한다.

사람들은 순식간에 베르고글리오를 존경하고 사랑하게 되었는데, 이는 그가 원래 호감 가는 사람이기 때문이기도 하다. 그는 또 교회의 부패를 근절하는 어려운 과업을 떠맡은 것으로도 존경을 받고 있다. 연설을 통해 공표한 것처럼, 그는 '가난한 이들을 위한 가난한 교회'를 복원하겠다는 꿈을 품고 있기 때문이다.

사진 루카스 올레니우크

노벨 평화상을 받은
말랄라 유사프자이

Malala Yousafzai Receives the Nobel Peace Prize

사진 오드 안데르센

2014년 12월 10일 – 노르웨이 오슬로

검은 머리에 붉은 산홋빛 베일을 두르고 가슴에 손을 얹은 젊은 파키스탄 여성이 연단에 서서 마이크를 마주하고 있다. 그녀는 사진에 보이지 않는 관중들을 상대로 연설을 한다. 이날은 2014년 12월 10일이고, 말랄라 유사프자이Malala Yousafzai는 노벨 평화상을 받았다.

보도 사진작가인 오드 안데르센Odd Andersen이 위쪽에서 찍은 이 사진은 일상화된 상황에도 불구하고 여기 담긴 이야기 때문에 강렬한 감정을 정확하게 전달한다. 말랄라는 역대 최연소 노벨 평화상 수상자가 되기 전부터 이미 하나의 상징이었다. 목숨을 걸고 파키스탄 탈레반에 대항한 열일곱 살의 그녀는 이성과 반계몽주의, 사상적 자유와 종교적 원리주의 사이의 끊임 없는 투쟁을 상징한다. 1997년 7월 12일에 파키스탄에서 태어난 말랄라는 열한 살의 어린 나이부터 여성과 아동의 권리를 지키는 활동가로 경력을 쌓기 시작했다. 그녀는 BBC가 운영하는 유명한 블로그에 쓴 글을 통해 탈레반 정권 치하에서의 일상생활에 대해 이야기하고, 탈레반 정권이 계속 자유를 억압하고 사형을 집행하고 여학교를 조직적으로 파괴하는 만행을 알렸다. 이슬람 원리주의자들은 2012년에 말랄라가 자기 의견을 표출하는 걸 막아야 한다고 결정했다. 그녀의 의견이 '음란하고', '세속주의를 전파한다고' 여겼던 것이다. 말랄라가 버스를 타고 집에 돌아가는 길에 무장한 남자들이 그녀를 공격했다. 그들은 말랄라의 머리에 총을 쐈다. 하지만 기적적으로 살아남은 그녀의 목소리는 더욱 강해져서 전 세계에 메아리쳤다.

말랄라는 이 열정적인 연설에서 여성이 교육받을 수 있는 권리의 중요성을 강조하면서 그것이 극단주의와 억압의 해결책이라고 하였다.

"내게는 두 가지 선택권이 있었습니다. 하나는 침묵을 지키면서 죽을 때를 기다리는 것이고, 다른 하나는 거리낌 없이 내 의견을 말하다가 죽는 것입니다. 나는 두 번째를 택했습니다. 소리 높여 내 의견을 말하기로 한 것입니다."

샤를리 에브도 공격 후 벌어진 가두 행진

The March After the Charlie Hebdo Attack

2015년 1월 11일 – 프랑스 파리

풍자 주간지인『샤를리 에브도Charlie Hebdo』는 프랑스의 자유주의 정신을 상징한다. 이들은 정계 및 종교계의 최고 권위자들을 상대로 강한 발언을 서슴지 않고 다양한 종교적 상징에 반대한다는 의사를 분명하게 밝히곤 하는데, 그 누구도 그 무엇도 이들의 독설을 피해갈 수는 없다.

2011년 11월 2일, 이슬람 극단주의자들은 이 주간지에 실린 만화가 불경하다고 판단해 잡지사를 공격했다. 하지만 편집부 직원들은 겁먹지 않았다. 이들은 계속해서 용감하게 자신들의 의견을 피력했고, 이는 이슬람 세계와 관련된 문제들의 경우에도 마찬가지였다.

2015년 1월 7일,『샤를리 에브도』는 훨씬 심한 공격을 받았다. 오전 11시 30분쯤, 무장한 남자 두 명이 파리의 니콜라 아페르Nicolas-Appert가에 있는 이 잡지사의 본사 사무실을 공격했다. 총 12명이 사망했는데, 이중에는 편집장 스테판 샤르보니에Stephane Charbonnier와 만화가 몇 명, 경찰관 2명도 포함되어 있었다. 그리고 부상자도 11명이나 나왔다. 잡지사를 공격한 알제리 출신의 프랑스 이민자이자 이슬람 근본주의자인 셰리프 쿠아시Cherif Kouachi와 사이드 쿠아시Said Kouachi 형제는 1월 9일에 경찰과 총격전을 벌이다가 사살됐다. 같은 날, 세 번째 인물인 아메디 쿨러블리Amedy Coulibaly는 코셔Kosher(유대교 율법에 따라 준비한 음식—옮긴이) 슈퍼마켓을 공격하다가 경찰관이 쏜 총에 맞아 죽었다.

전 세계의 정치 지도자와 일반 시민, 예술가, 지식인들은 학

살에 희생된 이들과의 연대감을 드러냈다. 소셜 네트워크와 전 세계 언론에서 'Je suis Charlie(나는 샤를리다)'라는 문장이 널리 울려 퍼졌다. 1월 11일, 혁명 이후 프랑스 문화의 토대가 된 통합을 강조하고 자유의 가치를 되새기기 위해 100만 명이 넘는 사람들이 파리 시내를 행진했다.

사진작가 크리스토퍼 펄롱Christopher Furlong은 볼테르Voltaire가를 따라 움직이는 행렬의 모습을 찍었다. 군중들은 프랑스 국기와 'Je suis Charlie'라는 문장이 적힌 플래카드를 들고 있다. 그들의 머리 위에는 프랑스 예술가 JR이 스테판 샤르보니에의 눈으로 만든 거대한 사진 모자이크가 있다. 이것은 이상의 이름으로 죽음과 직면한 눈이다.

『샤를리 에브도』편집팀의 생존자들은 일간지 『리베라시옹 Liberation』 사무실에 자리를 잡고 다음 호를 발간하기 위해 평소처럼 계속 일했다. 테러 공격 다음 주인 1월 14일 수요일에 발행된 『샤를리 에브도』 표지에는 예언자 모하메드가 등장했다. 그도 눈물을 흘리면서 "Je suis Charlie"라는 말이 적힌 종이를 들고 있고, 그의 머리 위에는 슬프면서도 비꼬는 느낌의 "Tout est pardonne(모두 용서받았다)"라는 문장이 적혀 있다.

300만 부라는 엄청난 인쇄 부수에도 불구하고 『샤를리 에브도』 1178호는 단 하루 만에 매진되었다. 디지털 판은 4개국 언어로 제작되었는데, 그중에는 아랍어도 포함되어 있다.

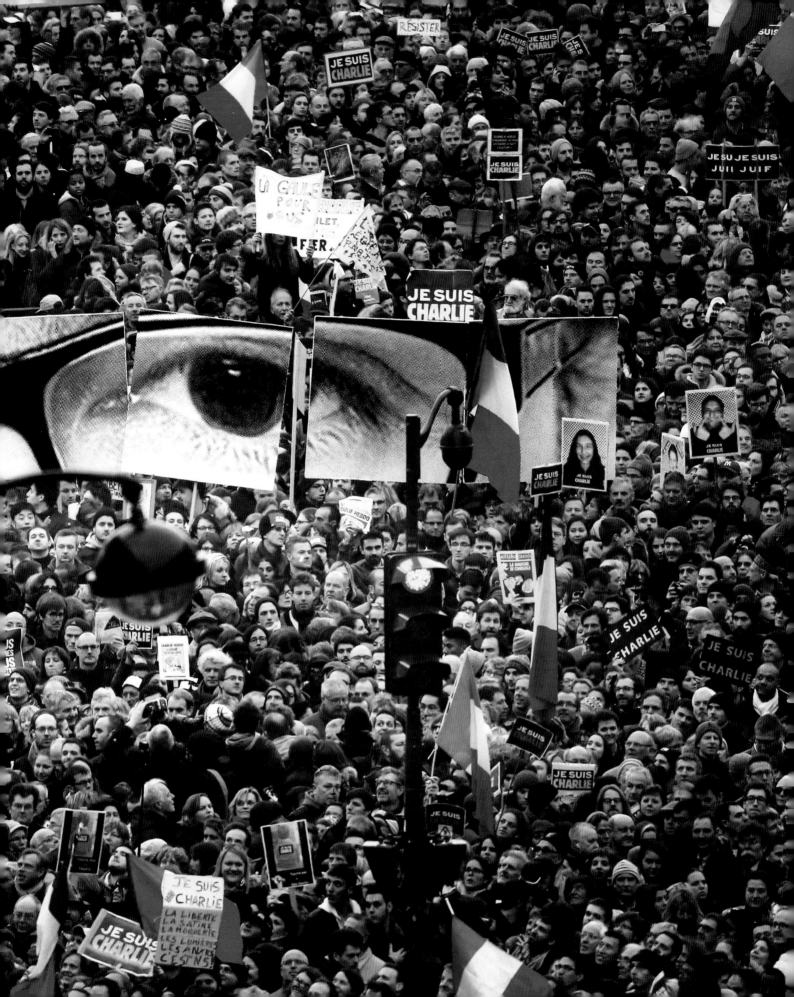

큐리오시티가
화성에서 찍은 셀카

Selfie by Curiosity on Mars

2015년 1월 – 화성 마운트 샤프

이것은 화성에서 찍은 기계적이고 공간적이며 파노라마 같은 로봇 셀카Self-camera로, NASA의 화성 탐사선 큐리오시티Curiosity가 찍은 것이다. 큐리오시티라는 멋진 이름을 가진 이 로봇은 자동차만 한 크기에 무게는 1톤이고, 태양 에너지로 움직이며 마이크로 수술 장비보다 더 정교하다. 이것을 제작해 화성으로 보내는 데 약 25억 달러가 들었다. 큐리오시티는 2012년 8월부터 붉은 행성을 돌아다니고 있다. 화성 표면 곳곳에 작은 구멍을 뚫어 표본을 분석하고 연구한 뒤, 수집한 정보를 지구로 보낸다. 또 주변 풍경을 사진에 담고 때로는 이런 셀카도 찍는데, 이 사진은 주변 지형을 찍은 사진 10장을 모아서 컴퓨터로 짜깁기한 것이다. 누군가가, 어쩌면 큐리오시티 자신이, 이미 주변의 자연 지형에 텔레그래프 봉우리Telegraph Peak, 알렉산더 언덕 Alexander Hills, 분홍 절벽Pink Cliffs, 컨피던스 언덕Confidence Hill 등의 이름을 붙여놓았다. 사진 오른쪽과 왼쪽의 좀 어둑어둑한 부분은 모래, 먼지, 폭풍우를 나타낸다.

큐리오시티는 많은 과학자의 의문에 답을 해주고 있다. 화성에 물이 있는가? 과거 화성에 생명체가 살았을까? 기상 조건은 어떤가? 지질학적 조건은 어떤가? 회수 가능한 광물 자원이 있는가? 이 탐사선은 행성 간 여행을 준비 중인 지구에서 올 첫 번째 탐험가들을 위해 정보를 수집하고 있다. 중간에 어딘가에 기착하지 않고 한 우주 정거장에서 다른 우주 정거장까지 가는 데만도 거의 10개월이 걸린다. 현재는 편도 티켓 밖에 없는 상태다. NASA가 이 여행의 가장 복잡한 부분인 지구로 돌아가는 문제를 아직 해결하지 못했기 때문이다.

레스보스섬에 상륙한 난민들

Refugees Landing on Lesbos

2015년 10월 1일 – 그리스 레스보스섬

영원히 계속될 듯한 내전의 희생자인 시리아는 지금도 화염에 휩싸여 있다. 정부군의 폭탄과 이슬람 수니파 무장단체인 ISIS의 잔학 행위 그리고 외세의 공습을 피해 많은 이들이 달아났다. 이들은 불법으로 국경을 넘고, 안전한 곳을 찾아가려고 밀입국 알선 브로커들을 기꺼이 믿는다. 시리아 국민들은 대부분의 아랍 국가에 합법적으로 들어갈 수 없기에 긴 여행에 따르는 위험과 어려움에도 불구하고 유럽으로 가려고 시도하는 이들이 많다. 하지만 안타깝게도 그 과정에서 상당수가 목숨을 잃는다.

2015년에도 난민들의 절박함은 새로운 현상이 아니었고 유럽만의 걱정거리도 아니었다. 시리아 난민 가운데 EU 국가로 망명하는 데 성공한 이들은 10퍼센트 미만이다. 난민 대부분은 레바논, 요르단, 터키 등지에 세워진 난민 수용소에 머무르고 있다. 절대치로 보자면 그 수는 매우 많다. 2014년에는 22만 명 정도의 망명 신청자들이 해로를 통해 도착한 반면, 2015년에는 90만 명 이상이 그리스 해안에 상륙했고 이탈리아 해안에도 그보다는 적지만 그래도 꽤 많은 난민이 상륙했다.

2015년의 마지막 몇 달 동안 난민들이 이용한 주된 이동 경로 가운데 하나는 서정 시인 사포Sappho와 알카이우스Alcaeus가 살던 고대의 땅이자 터키 연안에 위치한 그리스의 레스보스섬Lesbos I.을 거치는 것이었다. 아나톨리아 반도를 떠난 수십만 명의 난민들은 공기를 넣어 부풀린 안전하지 못한 고무보트를 타고 에게해를 건너서 이곳 해안에 상륙했다. 여름이 지나자 섬 전체가 영구적인 수용 시설처럼 바뀌었다.

난민들의 레스보스섬 상륙을 기록한 사진기자 중에는 『뉴욕타임스』 특파원으로 이 섬에 와 있던 타일러 힉스Tyler

218

Hicks와 대니얼 에터Daniel Etter도 있다. 이 신문사는 발칸 반도를 통해 스웨덴으로 향하는 난민들의 여정을 따라가기 위해 마우리시오 리마Mauricio Lima와 세르게이 포노마레프Sergey Ponomarev라는 사진기자도 파견했다. 뛰어난 저널리즘적 가치와 정서적인 강렬함을 지닌 이들의 공동 작업물이 2016년 퓰리처상을 받았다. 힉스는 『뉴욕타임스』 직원과 함께 이미 두 차례나 이 영광을 차지한 적이 있는데, 한번은 2009년의 일이고 다른 한 번은 나이로비의 웨스트게이트Westgate 쇼핑몰 공격 때 찍은 사진으로 2014년에 받았다.

힉스의 작품에서 놀라운 점은 아무리 어려운 상황에서도 아름다움을 발견할 수 있다는 것이다. 그와 동시에 힉스는 나약한 감상 없이 극단적인 기분을 전달할 수 있는 순간과 주제를 선택한다. 힘든 횡단 항해를 마치고, 레스보스섬까지 타고 온 고무보트를 버리는 남자들의 움직임에서는 피로와 불안, 긴장감을 읽을 수 있다. 에게해의 거친 파도 속에서 살아남은 이들의 머릿속에는 이제 어떻게든 해안에 도착해야 한다는 생각밖에 없다. 사진의 주인공인 소년은 고개를 들어 하늘을 바라본다. 그는 임시변통으로 만든 구명 튜브의 존재를 잊은 듯하고, 차가운 물보라나 그를 잡고 안전한 곳으로 끌어당기는 손의 존재도 알아차리지 못하는 듯하다. 그는 사진 바깥에 있어서 우리에게 보이지 않는 무언가를 바라보고 있다. 그의 눈에는 자신이 마침내 성공했다는 사실을 깨닫고 희망에 가득 찬, 믿을 수 없다는 눈빛이 담겨 있다. 그가 바다 저편에 남겨두고 온 악몽과는 완전히 다른 어떤 일이 곧 일어날 것만 같다.

사진작가 소개

에디 애덤스(1933~2004) – 미국의 전쟁 사진작가, 총 13개의 전쟁을 취재했다. AP 통신사와 『타임』에서 일했다. 1969년에 퓰리처상을 받았다.

에반스 아고스티니 – 미국 연예계 이벤트 사진작가. 인비전 에이전시에서 일하면서 수많은 유명 잡지와 신문에 사진을 공개했다.

J. 데이비드 에이크 – 미국 보도 사진작가. AFP 통신을 위해 2004년 대통령 선거운동과 백악관을 취재했다. 현재 워싱턴 D. C.에서 AP 통신의 사진부장으로 재직 중이다.

오드 안데르센 – 노르웨이 보도 사진작가. 독일과 스칸디나비아에서 AFP 통신의 수석 사진기자로 일하고 있다.

사무엘 아란다(1979) – 스페인 보도 사진작가. 아랍 세계와 아프리카의 긴장 상태를 조사했다. 2012년에 세계 보도 사진전 올해의 사진상을 받았다.

아바스 아타(1944) – 파리에 거주하는 이란 출신 사진작가. 매그넘 포토스의 일원이다. 전쟁과 분쟁 현장을 많이 다뤘고 위대한 종교들도 비판적으로 조사했다.

알렉산드라 아바키안(1960) – 아르메니아 태생의 미국인 보도 사진작가. 『타임』과 『내셔널 지오그래픽』 같은 잡지사에서 일했다.

브루노 바비(1941) – 모로코에서 태어난 프랑스 보도 사진작가. 한창 전쟁과 혁명의 와중에 있는 세계를 돌아다녔다. 매그넘 포토스에서 오래 일했다.

안토니 배링턴 브라운(1927~2012) – 영국 사진작가, 탐험가, 디자이너.

세실 비튼(1904~1980) – 영국의 패션, 초상, 전쟁 사진 전문 작가. 무대 및 의상 디자이너. 할리우드 스타들과 영국 사회를 담은 사진으로 가장 유명하다. 엘리자베스 2세에게 훈작사 작위를 받았다.

월터 보스하드(1892~1975) – 스위스 보도 사진작가. 간디부터 아프가니스탄에 이르기까지 아시아에서 취재 활동을 했다.

장 마르크 부쥐(1961) – 프랑스 보도 사진작가. 2004년에 퓰리처상과 세계 보도 사진전 올해의 사진상을 받았다. 이라크 전쟁 중에는 미 육군 종군 기자로 일했다.

말콤 브라운(1931~2012) – 미국 사진작가 겸 저널리스트. 인도차이나에서 AP 통신 수석 특파원으로 일하면서 1963년 세계 보도 사진전 올해의 사진상과 1964년 퓰리처상을 받았다.

롭 브라이언(1986) – 미국 프리랜서 기자. AFP 통신을 위해 2007년 버마 위기를 취재했다.

래리 버로우스(1926~1971) – 영국 사진작가. 베트남 전쟁 상황을 증언하고 그곳에서 목숨을 잃었다.

로버트 카파(1913~1954) – 엔드레 에르뇌 프리드먼의 가명. 헝가리 사진작가. 스페인 내전과 제2차 세계대전에서 유명한 사진을 찍었다. 1947년에 매그넘 포토스를 공동 설립했다.

케빈 카터(1960~1994) – 남아프리카 공화국 사진작가로 수단의 기근 상황을 취재했다. 1993년에 퓰리처상을 받고 이듬해에 자살했다.

앙리 카르티에 브레송(1908~2004) – 프랑스 보도 사진작가, 화가, 감독. 1947년에 매그넘 포토스를 공동 설립했고, 세계 각지를 돌아다니며 일했다. 피사체가 카메라를 의식하지 않는 상태에서 자연스럽게 촬영한 사진의 대가다.

티모시 A. 클레리 – 미국 사진작가. AFP 통신 소속.

크리스 코더 – 미국 사진작가. UPI 통신 소속.

존 T. 대니얼스(1873~1948) – 미국 구조대원. 라이트 형제의 첫 번째 비행 모습을 찍었다.

존 도미니스(1921~2013) – 미국 사진작가. 한국 전쟁과 베트남 전쟁, 우드스톡 페스티벌 같은 행사를 취재했다. 『라이프』와 『피플(People)』에서 일했다.

토마스 드보르작(1972) – 독일 보도 사진작가. 체첸, 아프가니스탄, 이라크, 파키스탄 분쟁을 취재했다. 매그넘 포토스 소속이다.

알프레드 아이젠슈테트(1898~1995) – 미국에서 자리 잡은 독일 사진작가. 『라이프』에서 일했다. 정치가와 유명 인사들의 인물 사진을 많이 찍었다.

세르게이 M. 예이젠시테인(1898~1948) – 소련 감독, 영화 이론가, 자가, 영화 제작자. 몽타주의 선구자다.

엘리엇 어윗(1928) – 러시아에서 태어난 사진작가 겸 감독으로 미국에서 이름을 떨쳤다. 로버트 카파 덕에 매그넘 포토스에 소속되었고 나중에 대표 자리에까지 오른다.

스튜어트 프랭클린(1956) – 영국 사진작가. 매그넘 포토스 멤버 겸 전 대표. 역사적인 사건과 전쟁, 생태학적 문제를 주로 다뤘다.

크리스토퍼 펄롱(1947) – 영국 보도 사진작가. 육군에서 복무한 그는 현재 게티 이미지(Getty Images)의 수석 사진작가다. 문화계와 시사 뉴스를 전문으로 한다.

폴 푸스코(1930) – 미국 보도 사진작가. 오랫동안 매그넘 포토스에서 일했다. 전쟁과 체르노빌 원전 사고의 영향 같은 사회적 주제를 다뤘다.

장 고미(1948) – 프랑스 사진작가 겸 다큐멘터리 작가. 매그넘 포토스에서 오래 일했다. 수많은 전쟁을 취재하고 사회에서 소외된 부분을 조사했다.

버트 글린(1925~2008) – 미국 사진작가. 매그넘 포토스와 미국미디어사진가협회 전 대표. 쿠바 혁명 기간 중에 쿠바에서 일했고 러시아와 일본에도 갔다. 미국의 상류 사회를 사진에 담았다.

그리고리 P. 골드스타인(1870~1941) – 러시아 사진작가. 모스크바에서 발행되는 잡지 『Rannee Utro』를 위해 혁명을 취재했다. 이후 영화계에 투신했다.

버나드 갓프리드(1924) – 폴란드 사진작가. 강제 수용소에서 살아남은 뒤 미국으로 건너갔다. 『뉴스위크(Newsweek)』에서 일하면서 인물, 정치가, 예술가 사진을 주로 찍었다.

캐럴 구지(1956) – 미국 보도 사진작가. 『워싱턴 포스트』에서 일했다. 퓰리처상을 네 번이나 받았다.

타일러 힉스(1969) – 브라질에서 태어난 미국 보도 사진작가. 케냐에 살면서 『뉴욕타임스』에서 일했다. 아무리 위험한 곳이라도 사건이 벌어지고 있는 현장으로 서둘러 달려갔다. 2016년에 세 번째 퓰리처상을 받았다.

허우 보(1924) – 중국 사진작가. 남편인 쑤 샤오빙과 함께 마오쩌둥의 공식 사진가로 일했다.

알렉산더 조 – 짐바브웨 사진작가. AFP 통신에 소속되어 에티오피아의 기근부터 만델라의 석방에 이르기까지 중요한 사건들을 취재했다.

요세프 쿠델카(1938) – 체코 사진작가. 지금은 프랑스 국적자다. 프라하의 봄을 찍은 사진으로 유명해졌고, 이후 유럽 각지에서 사진을 찍고 있다.

도로시아 랭(1895~1965) – 미국 사진작가. 대공황 기간 동안 빈곤층이 처한 상황을 명확하게 보도했다.

에리히 레싱(1923) – 오스트리아 사진작가. 매그넘 포토스에서 장기간 일했다. 문화계와 시사 사건을 전문으로 하며 자기 시대의 인물 사진을 많이 찍었다.

찰스 레비(1919~1997) – 미 육군 장교. 나가사키 원폭 투하 장면을 찍었다.

W. 조지 로우(1924-2013) – 뉴질랜드 산악인, 영화감독, 교육자. 에베레스트 등반으로 유명하며 탐험에 관한 다큐멘터리를 제작했다.

오귀스트 뤼미에르와 루이 뤼미에르(1862~1954; 1864~1948) – 프랑스인 형제. 처음에는 다들 '미래가 없는 발명품'이라고 생각한 영화의 창시자다.

피터 말로우(1952~2016) – 영국 사진작가. 매그넘 포토스의 대표 및 부대표를 역임했다. 1987년에는 매그넘 포토스의 런던 사무소를 설립했다.

스티브 매커리(1950) – 미국 사진작가. 특히 인물 사진으로 유명하다. 갈등, 사라져 가는 전통, 일상 속의 작은 아름다움을 사진으로 전했다.

헨리 밀러 – 미국 군인. 부헨발트 강제 수용소에 수감되어 있던 유대인들의 상황을 사진으로 남겼다.

마이크 무어 – 영국 보도 사진작가. 분쟁(이라크 전쟁)이 벌어졌을 때 가장 먼저 영국 군대에 합류해서 종군 기자로 활약했다.

루카스 올레니우크(1978) – 캐나다 사진작가. 일간지 『토론토 스타(Toronto Star)』에서 일하면서 바다표범 사냥부터 허리케인 카트리나에 이르기까지 다양한 환경 문제를 다뤘다.

로버트 E. 피어리(1856~1920) – 미국 탐험가. 예전에는 북극에 가장 먼저 도달한 사람으로 여겨졌었다(이 기록은 나중에 프레데릭 쿡에게 수여되었다.).

파올로 펠레그린(1964) – 이탈리아 사진작가. 매그넘 포토스 멤버. 유고슬라비아와 다르푸르에서 발생한 분쟁, 관타나모 미해군 기지, 쓰나미 등에 대해 보도했다.

질 페레스(1946) – 프랑스 사진작가 겸 다큐멘터리 작가. 매그넘 포토스에 소속되어 있고 대표도 역임했다. 뉴욕에 있는 바드 대학(Bard College)에서 인권과 사진에 대해 가르친다.

에릭 파이퍼 – 영국 『데일리 미러』 소속의 보도 사진작가. 비틀스 사진을 찍었고 캄보디아의 크메르루주 정권이 저지른 잔학 행위를 전 세계에 알렸다.

돌프 프라이시그(1940~2005) – 스위스 사진작가. 『슈바이저 일루스트리르텐(Schweizer Illustrierten)』의 수석 사진기자다. 교황의 암살 기도 현장을 찍은 사진으로 세계 보도 사진전에서 선외 가작상을 받았다.

마크 리부(1923) – 프랑스 사진작가. 매그넘 포토스의 초창기 멤버 중 한 명이다. 또 중국에 간 최초의 유럽 사진작가 중 한 명이기도 하며, 베트남 전쟁에서 찍은 사진으로 유명해졌다.

앙리 로제 비올레(1896~1946) – 20세기 초부터 활약한 프랑스 사진작가. 그가 찍은 사진을 모아둔 딸은 파리 최초의 사진 에이전시 가운데 하나인 로제 비올레 일반 사진 기록관을 설립했다(1938).

앤드루 J. 러셀(1829~1902) – 미국 사진작가. 미국 남북 전쟁과 최초의 대륙 횡단 철도 건설 과정을 취재했다.

모이세스 사만(1974) – 히스패닉계 미국인 보도 사진작가. 매그넘 포토스 소속이다. 일간지 『뉴스데이(Newsday)』를 위해 9·11 테러 이후의 중동 상황을 취재했다.

월터 샌더스 – 독일 출신의 미국 사진작가. 오랫동안 『라이프』에서 일했다.

로버트 실버스(1968) – 사진 모자이크 기술로 유명해졌다. 그는 이 기술을 이용해 국가 원수들과 유명 인사들의 초상 사진을 만들었다.

W. 유진 스미스(1918~1978) – 미국 다큐멘터리 작가, 사진작가. 제2차 세계대전 동안 『라이프』에서 일하면서 태평양 전선에서 벌어진 전투를 취재했고, 수류탄에 부상을 입었다.

에버츠 트레이시(1868~1922) – 미국 건축가. 제1차 세계대전 동안 육군 위장 부대의 공병감으로 복무했다.

후잉 콩 닉 우트(1951) – 미국으로 이민 간 베트남 사진작가. AP 통신 소속이다. 1973년에 퓰리처상과 세계 보도 사진전 올해의 사진상을 받았다.

산티 비살리(1932) – 이탈리아계 미국인 사진작가. 여섯 명의 미국 대통령과 수많은 유명 인사의 초상 사진을 찍었다. 특히 도시적인 시각으로 유명하다.

마이클 야마시타(1949) – 일본 태생의 미국 사진작가. 『내셔널 지오그래픽』에서 일한다. 아시아 세계에 초점을 맞춘 그는 마르코 폴로 같은 여행자들의 행적을 조사하기도 했다.

Photo Credits

Page 9 © Steve McCurry/Magnum Photos
Page 13 Underwood Archives/Getty Images
Pages 14-15 Underwood Archives/Getty Images
Page 16 © Léon et Lévy/Roger-Viollet/Archivi Alinari, Firenze
Pages 18-19 © Neurdein Frères/Neurdein/Roger- Viollet/Archivi Alinari, Firenze
Page 20 Association Freres Lumiere/Roger Viollet/Getty Images
Page 23 Time Life Pictures/Pix Inc./The LIFE Picture Collection/Getty Images
Pages 24-25 Popperfoto/Getty Images
Page 27 © Erich Lessing/Magnum Photos
Page 29 Mirrorpix
Page 30 Mirrorpix
Page 32 Popperfoto/Getty Images
Page 35 Universal History Archive/Getty Images
Pages 36-37 Topical Press Agency/Getty Images
Page 38 Hulton Archive/Getty Images
Page 41 Major Evarts Tracey/Keystone/Getty Images
Pages 42-43 Major Evarts Tracey/Keystone/Getty Images
Page 45 Fine Art Images/Heritage Images/Getty Images
Page 47 Fine Art Images/Heritage Images/Getty Images
Page 48 GraphicaArtis/Getty Images
Page 50 ullstein bild/Getty Images
Page 52 Hulton Archive/Getty Images
Page 54 © Hulton-Deutsch Collection/CORBIS
Page 56 © CORBIS
Page 58 © Robert Capa © International Center Photography/Magnum Photos
Pages 60-61 Ann Ronan Pictures/Print Collector/Getty Images
Page 62 De Agostini Picture Library
Page 64 Keystone/Getty Images
Pages 66-67 Time Life Pictures/US Navy/The LIFE Picture Collection/Getty Images
Pages 68-69 Universal History Archive/Getty Images
Pages 70-71 © Robert Capa © International Center of Photography/Magnum Photos
Page 73 Mirrorpix
Page 74 W. Eugene Smith/The LIFE Picture Collection/Getty Images
Pages 76-77 H. Miller/US Army/National Archives/The LIFE Picture Collection/Getty Images
Page 78 Keystone-France/Gamma-Keystone/Getty Images
Page 81 Alfred Eisenstaedt/Getty Images
Page 83 Alfred Eisenstaedt/The LIFE Picture Collection/Getty Images
Page 84 © Henri Cartier-Bresson/Magnum Photos
Page 86 Keystone/Getty Images
Page 88 Walter Sanders/Life Magazine/The LIFE Picture Collection/Getty Images
Page 90 Mondadori Portfolio/Getty Images
Page 92 A. Barrington Brown/Science Photo Library/AGF
Page 94 © Royal Geographical Society
Page 96 STF/AFP/Getty Images
Page 98 Underwood Archives/Getty Images
Pages 100-101 © Burt Glinn/Magnum Photos
Pages 102-103 ullstein bild/Getty Images
Page 104 © Elliott Erwitt/Magnum Photos
Page 106 New York Public Library/Getty Images

Page 108 AKG-IMAGES
Page 111 Keystone/Getty Images
Pages 112-113 AFP/Getty Images
Pages 114-115 © Elliott Erwitt/Magnum Photos
Pages 116-117 Ted West & Roger Jackson/Central Press/Getty Images
Pages 118-119 Larry Burrows/Time Magazine/The LIFE Picture Collection/Getty Images
Page 120 ASAP
Page 122 © Marc Riboud/Magnum Photos
Page 125 Eddie Adams/AP Photo
Pages 126-127 Santi Visalli Inc./Getty Images
Pages 128-129 Bruno Barbey/Magnum Photos
Pages 130-131 © Josef Koudelka/Magnum Photos
Page 132 OFF/AFP/Getty Images
Page 134 NASA/Getty Images
Pages 136-137 Hulton Archive/Getty Images
Pages 138-139 © Gilles Peress/Magnum Photos
Page 140 Nick Ut/AP Photo
Page 142 © A. Abbas/Magnum Photos
Page 144 Mirrorpix
Pages 146-147 Hulton Archive/Getty Images
Pages 148-149 Science Faction/Getty Images
Page 150 Preisig/Magnum Photos
Page 152 Bernard Gotfryd/Getty Images
Page 154 © Peter Marlow/Magnum Photos
Page 156 Sovfoto/UIG/Getty Images
Page 158 © Jean Gaumy/Magnum Photos
Page 160 © Paul Fusco/Magnum Photos
Page 162 © Stuart Franklin/Magnum Photos
Pages 164-165 Alexandra Avakian/Contact Press Images/LUZ
Page 166 ALEXANDER JOE/AFP/Getty Images
Pages 168-169 © A. Abbas/Magnum Photos
Pages 170-171 © A. Abbas/Magnum Photos
Page 173 Robert Silvers/www.photomosaic.com
Page 174 Pool/ANTICOLI/MICOZZI/GAMMA
Page 176 © Kevin Carter/Sygma/Corbis
Page 178 FILES/J. David AKE/AFP/Getty Images
Page 180 Evan Agostini/Liaison/Getty Images
Page 183 Carol Guzy/The Washington Post/Getty Images
Page 184 Mickael Yamashita
Page 186 © Thomas Dworzak/Magnum Photos
Page 189 UPI Photo/eyevine/Contrasto
Page 191 Mirrorpix
Page 193 ASSOCIATED PRESS
Page 195 STR/AFP/Getty Images
Page 197 © Gilles Peress/Magnum Photos
Page 199 TIMOTHY A.CLARY/AFP/Getty Images
Pages 200-201 © Moises Saman/Magnum Photos
Page 203 Samuel Aranda/Panos/LUZ
Page 205 © Paolo Pellegrin/Magnum Photos
Pages 206-207 © Paolo Pellegrin/Magnum Photos
Page 209 Lucas Oleniuk/Toronto Star/Getty Images
Page 210 ODD ANDERSEN/AFP/Getty Images
Page 213 Christopher Furlong/Getty Images
Pages 214-215 Christopher Furlong/Getty Images
Page 217 NASA/JPL-Caltech/MSSS
Page 219 TYLER HICKS/The New York Times/R/contrasto

Pages 220-221 TYLER HICKS/The New York Times/R/contrasto
Cover, *from top left*: De Agostini Picture Library, ©Hulton-Deutsch Collection/CORBIS, Walter Sanders/Life Magazine/The LIFE Picture Collection/Getty Images, © Moises Saman/Magnum Photos, Hulton Archive/Getty Images, Major Evarts Tracey/Keystone/Getty Images, Alfred Eisenstaedt/Getty Images, Hulton Archive/Getty Images, Carol Guzy/The Washington Post/Getty Images, Science Faction/Getty Images, Keystone-France/Gamma-Keystone/Getty Images, © Robert Capa © International Center of Photography/Magnum Photos, Mondadori Portfolio/Getty Images, Nick Ut/AP Photo, Ted West & Roger Jackson/Central Press/Getty Images, NASA/Getty Images, Topical Press Agency/Getty Images, Alexandra Avakian/Contact Press Images/LUZ, © Gilles Peress/Magnum Photos, Popperfoto/Getty Images, FILES/J.David AKE/AFP/Getty Images, STR/AFP/Getty Images, © Neurdein Frères/Neurdein/Roger-Viollet/Archivi Alinari, Firenze, Universal History Archive/Getty Images, © Royal Geographical Society, AFP/Getty Images, Christopher Furlong/Getty Images, STF/AFP/Getty Images, © Marc Riboud/Magnum Photos, UPI Photo/eyevine/Contrasto, Robert Silvers/www.photomosaic.com, ALEXANDER JOE/AFP/Getty Images, Fine Art Images/Heritage Images/Getty Images

Back cover, *from top left*: ASAP, Alfred Eisenstaedt/The LIFE Picture Collection/Getty Images, Mirrorpix, © A.Abbas/Magnum Photo, © Léon et Lévy/Roger-Viollet/Archivi Alinari, Firenze, Popperfoto/Getty Images, Keystone/Getty Images, © CORBIS, Hulton Archive/Getty Images, Time Life Pictures/Pix Inc./The LIFE Picture Collection/Getty Images, Time Life Pictures/US Navy/The LIFE Picture Collection/Getty Images, Keystone/Getty Images, H. Miller/US Army/National Archives/The LIFE Picture Collection/Getty Images, Lucas Oleniuk/Toronto Star/Getty Images, Underwood Archives/Getty Images, TIMOTHY A.CLARY/AFP/Getty Images, ullstein bild/Getty Images, GraphicaArtis/Getty Images, Ann Ronan Pictures/Print Collector/Getty Images, ODD ANDERSEN/AFP/Getty Images, New York Public Library/Getty Images, ullstein bild/Getty Images, © Elliott Erwitt/Magnum Photos, © Jean Gaumy/Magnum Photos, © Josef Koudelka/Magnum Photos, © Elliott Erwitt/Magnum Photos, Mirrorpix, Mirrorpix, © Bruno Barbey/Magnum Photos, Bernard Gotfryd/Getty Images, Eddie Adams/AP Photo, OFF/AFP/Getty Images, Underwood Archives/Getty Images

WS White Star Publishers® is a registered trademark property of White Star s. r. l.
© 2016 White Star s.r.l. Piazzale Luigi Cadorna, 6 20123 Milan, Italy www.whitestar.it
Original title : Le 100 immagini che hanno cambiato il mondo

KOREAN language edition © 2019 by Borabitso Publishing Co.

KOREAN language edition arranged with White Star s. r. l. through POP Agency, Korea.